COLEÇÃO
EICOS
ESTUDOS INTERDISCIPLINARES de COMUNIDADES e ECOLOGIA SOCIAL

TECENDO O DESENVOLVIMENTO

Saberes Gênero Ecologia Social

Organizadoras:
Maria Inácia D´Avila
Rosa Pedro

COLEÇÃO
EICOS
ESTUDOS INTERDISCIPLINARES de
COMUNIDADES e ECOLOGIA SOCIAL

TECENDO O DESENVOLVIMENTO

Saberes Gênero Ecologia Social

CÁTEDRA UNESCO de DESENVOLVIMENTO DURÁVEL

MAUAD

bapera editora

MAUAD Editora Ltda.
Av. Treze de Maio, 13, Grupo 507 a 509 – Centro
CEP 20031-007 — Rio de Janeiro — RJ
Tel.: (21) 2533.7422 — Fax: (21) 2220.4451
www.mauad.com.br

Em co-edição com Bapera Editora Ltda.
www.artesdecura.com.br

Projeto Gráfico:
Núcleo de Arte/Mauad Editora

Criação da Capa:
Ricardo Fernandes

Ilustração da Capa:
"A Rendeira", 1670 (detalhe)
Pintura de Johannes Vermmer (1632-1675), 23,59 cm x 20,32 cm

Revisão:
Paulo Augusto Mauad

DADOS INTERNACIONAIS DE CATALOGAÇÃO NA PUBLICAÇÃO (CIP)
(CÂMARA BRASILEIRA DO LIVRO, SP, BRASIL)

Tecendo o desenvolvimento : saberes, gênero, ecologia social / organizadoras Maria Inácia D´Avila Neto, Rosa Maria Leite Ribeiro Pedro. Rio de Janeiro : MAUAD : Bapera Editora, 2003. (Coleção EICOS – Estudos Interdisciplinares de Comunidades e Ecologia Social)

Vários autores.
Programa EICOS - IP/UFRJ - Cátedra UNESCO de Desenvolvimento Durável.
Bibliografia
ISBN 85-7478-109-6 (Mauad)

1. Desenvolvimento sustentável 2. Ecologia social 3. Interdisciplinaridade e conhecimento 4. Multiculturalismo 5. Psicologia social I. D´Avila Neto, Maria Inácia. II. Pedro, Rosa Maria Leite Ribeiro. III. Série.

03-5602 CDD 302

Índices para catálogo sistemático:

1. Desenvolvimento e psicossociologia 302
2. Psicossociologia e desenvolvimento 302

SUMÁRIO

APRESENTAÇÃO

O primeiro volume da coleção EICOS traz uma panorâmica das reflexões interdisciplinares e práticas que caracterizam uma psicossociologia aplicada às questões de desenvolvimento, em suas dimensões de gênero, cultura, meio ambiente. Estamos falando de uma sociedade em transformação, como apontam aqui os textos que vão da sociedade em redes às questões da diferença e da diversidade cultural .

A psicossociologia é um conceito vasto, que abrange diferentes bases conceituais e campos de atuação. Os campos e os conceitos não se limitam à sociologia e à psicologia social, como ciência em "movimento". Os capítulos percorrem também a filosofia, a lingüística, a antropologia. Ratifica-se que estamos tratando de noções em construção, que têm a marca da psicossociologia como seu elo condutor e que expressam múltiplos percursos que temos feito com estudantes da iniciação científica ao doutorado, ou em pesquisas e ações de extensão universitária, em nosso programa de formação de Estudos Interdisciplinares de Comunidades e Ecologia Social (EICOS), IP/UFRJ.

Na primeira parte, *A Porta, A Ponte e a Rede*, de Maria Inácia D'Avila Neto, aponta reflexões para pensar comunidades dentro do conceito de redes, retomando perspectivas do filósofo e sociólogo alemão Georg Simmel. Ainda dentro da abordagem das redes, com idéias desenvolvidas por Bruno Latour, Pierre Lévy e outros, *As Redes na Atualidade: Refletindo sobre a Produção de Conhecimento*, de Rosa Maria Leite Ribeiro Pedro. Em *Da Sustentabilidade à Sustentabilidade do Ser: Por um Desenvolvimento Humano Durável*, Tania Barros Maciel discute as dimensões sociais, culturais e ecológicas do desenvolvimento. Fiel a uma perspectiva antropológica, *O Conceito de Cultura e a Metodologia Etnográfica: Fundamentos para uma Psicologia Cultural*, de Cecilia Mello e Souza, convida-nos a refletir sobre as premissas de uma psicologia cultural.

Na segunda parte, tratamos de questões contemporâneas da temática de gênero e desenvolvimento: *Diferença Sexual, Igualdade de Gênero: Ainda um Debate Contemporâneo*, de Ana Maria Szapiro; *À Procura de Luisa – Contribuições da Antropologia Urbana à Pesquisa Psicossocial*, de Naumi A. de Vasconcelos; *Divididas e Multiplicadas: A Maternidade para Mulheres Executivas Cariocas*, de Maria Lúcia Rocha-Coutinho; *Quando Ser Doente Torna-se um Modo de Vida: Considerações Psicossociais sobre as Somatizações Femininas*, de Maria Inácia D'Avila, Cristiana Baptista e Sandra Fortes; *Homens e Mulheres: Limites para o Controle e para a Liberdade – O Problema da Transmissão*, de Ana Maria Szapiro e Sonia Maria Batista da Silva.

Na terceira parte, abordamos a contribuição da ecologia social à questão da sustentabilidade, um desafiador trajeto de pesquisas do programa EICOS: *Desenvolvimento e Des-Envolvimento: O Desejado e o Desejável*, de Tania Barros Maciel, Glória

Maria de Pádua Moreira, Annunciata Bonini-Vieira e Lourdes Brasil; *Turismo como Instrumento para Desenvolvimento Local: Entre a Potencialidade e a Utopia,* de Marta de Azevedo Irving; *Natureza e Sociedade nas Redes Sociotécnicas: O Ecoturismo sob o Modelo dos Coletivos*, de Rosa Maria Leite Ribeiro Pedro e Ana Lucia Camphora Pacheco; e, finalmente, *Projeto Sana Sustentável – Uma Iniciativa de Base Comunitária*, de Marta de Azevedo Irving com sua equipe de estagiários de graduação.

As Organizadoras

Primeira Parte

SABERES, CULTURA E DESENVOLVIMENTO

A PORTA, A PONTE E A REDE. REFLEXÕES PARA PENSAR (O CONCEITO DE) REDE E (O CONCEITO DE) COMUNIDADE

Maria Inácia D´Avila Neto

O ensaio de Georg Simmel – (A) Ponte e (a) Porta – foi publicado em 1909 e é apontado, pelos seus críticos, como uma chave para entender seu pensamento[1]. As idéias, desenvolvidas por Simmel, com as metáforas da ponte e da porta, parecem-nos muito oportunas para pensar as temáticas sobre as quais gostaríamos de refletir aqui: comunidade e redes.

A Ponte é o símbolo da associação, enquanto a porta seria o agente da dissociação. Podemos imediatamente imaginar que uma liga e a outra separa:

> *"(...) A noção de separação seria desprovida de sentido se nós não tivéssemos começado a religá-las (como as margens do rio), os nossos pensamentos finalizados, nas nossas necessidades, na nossa imaginação"* (Simmel, 1909,1988).

---

[1] Ver Freund, Julien – *Introdução à tradução francesa da obra de Georg Simmel - Sociologie et Epistémologie.*

Vemos aí uma primeira pista: ponte e porta revelando que a "*ruptura fundadora entre o homem e o mundo*" impõe como, diria Martuccelli, "*um desejo, por vezes irresistível, de uma totalidade recomposta*" (1999).

Simmel, entretanto, não sucumbe à "nostalgia" dessa totalidade, que pode até ser desejada, mas é irrecuperável: "*porque o homem é o ser de ligação que deve sempre separar, e que não pode religar sem haver separado (...)*" (Simmel, *op. cit.*).

Unir e separar vão aparecer como dois movimentos em um mesmo processo. Numa leitura, forjada pela tipologia dicotômica de comunidade x sociedade, categorizando as concepções de Ferdinand Tönnies poderíamos ver, na primeira, a ponte e, na segunda, a porta. A concepção de comunidade, cujos laços de solidariedade, engendramento de iguais e fraternos poderiam ser os elementos de nossa nostalgia de uma unidade perdida, tornar-se-ia o oposto de uma sociedade fragmentada, perdida a unidade e desfeitos os laços. Tal leitura, entretanto, é insuficiente. Tanto na "comunidade" quanto na "sociedade", temos a presença dos dois movimentos. As comunidades, como lembra Claude Javeau (1986), comentando Simmel, concebidas como pequenos grupos, podem ser "rupturas", caracterizando a "porta", enquanto os grupos maiores (ou a sociedade) podem ser vistos como a "aldeia global", revelando a ponte.

> "*Enquanto que na correlação entre divisão e reunião a ponte coloca o acento sobre o segundo termo (...), a porta ilustra de modo mais claro a que ponto a separação e a ligação são dois aspectos do mesmo ato*" (Simmel, *op. cit.*).

O conceito de comunidade ganha uma importante dimensão. Sua discussão não se restringe a um universo fechado, a uma unidade que engendra iguais ligados pela solidariedade. Comunidade e Sociedade deixam de ser tipologias antagônicas, do mesmo modo que relações macro e microssociais, e assim por diante. É justamente porque a porta pode se abrir que ela pode dar a impressão de que exclui mais fortemente tudo o que está fora desse espaço, mais que uma parede ou um muro, como argumenta Simmel.

Se trouxermos isso para a compreensão do mundo tecnológico no qual estamos hoje vivendo, com o advento da televisão, da telefonia, do computador – e da internet – vamos ser tentados a dizer que construímos muitas pontes e muitas portas. Podemos examinar aí a visão "reticular" no mundo contemporâneo, ou seja, o conceito de uma "sociedade em redes", aplicado ao nosso quotidiano.

Diante do monitor do meu computador, abro uma porta. Posso, então, dispondo de uma tecnologia apropriada, conectar-me com o *ciberespaço*. Pessoalmente, embora já considerada *anacrônica* na minha rede, faço isso, ainda, por uma linha telefônica e, às vezes, por fibra ótica, que me lança na rede da Internet através do meu computador. Aí estabeleço uma ponte. Vou deter-me no aparato computador e não na televisão ou na telefonia. Alguns autores, como Barry Welmann, já desenvolveram, na década de 70, na análise do fenômeno urbano, três argumentos, como denomina: o da comunidade, o da cidade e o da rede. O autor falava em comunicações telefônicas, referindo-se à "proximidade" e "redes" aí geradas, para expressar que o deslocamento espacial (como, por exemplo, do campo para cidade) não seria necessariamente causa de desintegração comunitária.

A idéia de um pensamento reticular, contudo, entrando em um novo milênio, vem particularmente associada, para nós, usuários, às redes da internet, embora haja uma superposição com tecnologias cada vez mais sofisticadas veiculadas pela telefonia móvel, por exemplo.

A porta aberta do meu computador me anuncia que estou conectada; estabeleci uma ponte, que está me enviando a outro lugar, que me permite transmitir informações, minha imagem e minha voz e receber outras informações, imagens e outras vozes, que por sua vez estão conectadas a mim, através de pontes e portas abertas.

Posso abrir um número enorme de portas, utilizando, por exemplo, os vínculos (*links*) de cada uma delas como pontes. Se pudesse desenhar num mapa mundi, teria um imenso número de linhas que me deslocariam por todo o planeta. Teria um desenho das minhas redes, cobrindo todo o globo, talvez, como no conto de Borges, um mapa que seria um verdadeiro manto da terra, se tivesse que traçar numa escala real todas as distâncias e os espaços que interliga.

Inúmeros trabalhos têm sido dedicados à gênese e compreensão dos mecanismos do "pensamento reticular", ou do "teatro de articulações" da sociedade em redes. Podemos pensar a sociedade em redes como novas formas de comunidades, como pretendem alguns?

O que significa esse avanço em uma sociedade ainda tão desigualmente desenvolvida?

A Rede, um Conceito (ou um Saco) de Metáforas

Minha primeira reflexão obriga-me a abandonar a cartografia de um espaço totalizado, visto de fora. Isso suporia um espaço restrito, imutável, sedentário. O espaço cibernético – o *ciberespaço*, que alguns preferem dizer *ciber-espaço-tempo* – pode, ou deve, ser visto como nômade, pois:

> *"não se constrói em função de uma carta preestabelecida, mas ao contrário cresce de maneira anárquica ao ritmo de novas ligações: novos servidores, novos serviços, novos clientes, sem que ninguém possa predizer quem se conectará ao sistema para* fazer o quê" (Buydens, M.1997).

Assim, minha cartografia seria tão mutável quanto eu pudesse imaginar e predizer com a velocidade de transmissão de informações que cada ligação (ou ponte) provocasse em minha rede. Convém, antes de prosseguir, examinar brevemente o conceito de rede.

Como imaginamos, por exemplo, uma rede de um pescador? Uma malha que envolve suas presas, deixando passar todo o resto, isto é, que retém os sólidos e deixa passar os fluidos. Posso também imaginar uma ferrovia, com caminhos e interseções que se cruzam, ou deter-me em imagens anatômicas, das circulações internas do corpo.

Saint-Simon (1760-1825) é apontado como o introdutor do conceito moderno de rede e sua concepção, pois avança para uma concepção de rede também como um sistema de fluxos, falando de corpo bruto e corpo organizado. O próprio organismo pode ser definido como uma rede de circulação (vasos, artérias, etc...). O Corpo bruto para Saint-Simon tem uma construção regular do tipo geométrico, como o cristal – a primeira forma de rede – enquanto a circulação de fluidos é uma outra variação. A originalidade de sua concepção reside no fato de que aponta a rede também como uma terceira variação, híbrida, entre as duas primeiras, como um *organismo-rede*. Sua preocupação era assegurar a passagem do sistema feudal ao sistema industrial. Essa passagem do que chamava da dominação à associação só poderia ser assegurada com o desenvolvimento das redes de comunicação entre os membros. A derivação dos conceitos implicou na fundação de uma religião saint-simoniana que registra três elementos fundamentais nesse processo: a associação, a comunicação e a comunhão, onde esta se faz pelo trabalho dos associados aplicados ao "planeta interno". Nesse sentido, muitas redes constituídas através de meios de comunicação, em especial através de redes como a Internet, e que se pretendem "comunidades" poderiam ser analisadas sob a ótica de uma herança saint-simoniana.

Para autores, inspirados em Saint-Simon, como Albert Bressand e Catherine Distler, a rede é o laço universal da sociedade contemporânea, como preconizam em *La Planète Relationnelle*, em 1995, onde podemos encontrar as ressonâncias entre a tecnologia, a economia e organização. Essa concepção é bastante próxima do trabalho de Manuel Castells, numa trilogia publicada, originalmente, nos Estados Unidos em 1996, já com tradução em português e cujo primeiro volume intitula-se A Sociedade em Redes (1998).

Castells, evocando Max Weber em sua obra sobre a *Ética Protestante e o Espírito do Capitalismo*, como um dos fundamentos para a expansão de uma sociedade em redes, traz uma curiosa aproximação com a ótica de Saint-Simon, onde era fundamental estabelecer uma rede de fluxos para a circulação do dinheiro – para realizar a passagem (do corpo) do feudalismo para o (corpo do) sistema industrial, que seria garantido planetariamente, por princípios éticos de seus membros, inscritos na associação e na comunhão, também revestidos de caráter religioso.

Michel Serres, ainda nos anos 60, por sua vez, vai falar dos fundamentos epistemológicos do conceito de rede. Um diagrama em rede é constituído por uma pluralidade de pontos (que ele chama *sommets* e que poderíamos traduzir por picos ou cimeiras), religados entre eles por uma pluralidade de ramificações (*chemins*, ou caminhos). Um *sommet* está na interseção de muitos caminhos, do mesmo modo que um caminho se relaciona com muitos *sommets*. Há uma semelhança aqui, aliás, com a concepção deleuziana de "*mille plateaux*" que Mireille Buydens (1997, *op.cit.*) vai utilizar, juntamente com o conceito de *rizoma*, na sua leitura do fenômeno internet. Serres retoma a idéia de rede, em 1994, em *Légende des Anges (Lenda do Anjos)*. A rede é um ser intermediário, um anjo que anuncia o futuro de uma "nova humanidade".

Anne Cauquelin (1987/88) procura demonstrar por que o conceito de rede é tão bem-sucedido. Ela argumenta que ele faz apelo a um imaginário bastante antigo, onde o corpo humano possui muitas coisas invisíveis ao olhar e ao tato, em sua maior parte. A rede seria, então, concebida como o laço invisível, ao mesmo tempo externo e interno ao corpo, *"reenviando a essa ordem secreta do Cosmos na qual todo corpo se inscreve"* (Musso, *op. cit.*).

Essa aproximação lembra também a tradição esotérica, difundida pelas inúmeras sociedades secretas e franco-maçônicas, que estabelece um paralelismo entre o macrocosmo e o microcosmo, decifrando um dos seus mais importantes preceitos: "o que está acima, está abaixo". Essas concepções são retomadas por inúmeros filmes e livros com heróis humanos e seres imaginários de níveis biológicos menos desenvolvidos (plantas ou animais), ou os que são externos ao planeta. A construção desses personagens revela-nos sempre uma ligação com um *Cosmo superior*, que age como um espelho para uma similitude de expressões, notadamente as afetivas, com a introdução de um objeto mágico que torna a unir os que estão separados.[2]

Na sua versão da mitologia, o simbolismo da rede está intimamente associado à arte de tecer panos, uma das mais antigas e universais que conhecemos.[3] Expressões carregadas de fortes significados, como entrelaçar, tecidos, fios, nós, estão aí presentes. Gilbert Durand (1969), o grande *patron* de Michel Mafesolli, chama a atenção para isso:

---

[2] É curioso observar que nos atuais *best-sellers* e outras produções da mídia contemporânea cresce o número de seres híbridos, pertencentes, ao mesmo tempo, a "dois mundos". É justamente o fato de serem híbridos que torna esses seres com funções de cognição superdotadas e com poderes excepcionais.

[3] A realização de uma pesquisa com uma associação de bordadeiras, no interior de Minas Gerais, sobre sua memória cultural (1990) e, posteriormente em 2001, sobre a representação dessa comunidade a respeito das questões de desenvolvimento, revelou-nos importantes pistas para a reflexão do ato de tecer e as redes, bem como o tempo para a compreensão do desenvolvimento como uma categoria *geracional*, isto é, de uma geração para outra e não necessariamente linear e individual. Ambas as pesquisas foram realizadas para a UNESCO. Ver *Participação e Desenvolvimento Sustentável - Novas Estragégias, Velhos Desafios.*

> ( ) *"O tecido, como o fio, é antes de tudo um laço, mas é também uma ligação reconfortante, ele é símbolo de continuidade, superdeterminado no inconsciente coletivo pela técnica circular ou rítmica de sua produção. O tecido é o que se opõe à descontinuidade (...). A trama é o que o subtende".*

Ampliando a simbologia, Pierre Musso (2001, *op. cit.*) assinala que

> *"o imaginário da continuidade do fio e do tecer participa também na produção do conceito de rede nas ciências da vida que recuperam tecidos sobre e no corpo humano".*

Assim a idéia de *organismo-rede* vai se tornar uma metáfora forte nas ciências biológicas e a própria idéia de rede pode ser considerada como uma idéia *biometafísica.*

Na linha mitológica, aliás, Penélope poderia ser a grande heroína da Internet. Tecendo e desfazendo o que tecia, numa incansável tentativa de domínio do tempo, não teríamos aí uma metáfora dos laços fluidos da Internet? A plêiade de metáforas, aliás, não se resume ao conceito de redes. As metáforas são estendidas ao vocabulário utilizado pelos usuários das redes informáticas, talvez porque muito antiga seja a noção de rede no imaginário coletivo, como pretende Cauquelin, e, efetivamente, recorrente na história. O Teatro da Memória do italiano Giulio Camilo (1480-1544) é um exemplo. Segundo seus críticos, esse teatro (inacabado), construído em madeira, com figuras e símbolos mitológicos, dispostos em passarelas e colunas, e de onde o observador poderia contemplar a "visão do mundo", a partir de um ponto, foi construído sobre as mesmas bases que hoje constituem

> *"o fundamento da prática e do vocabulário da nova retórica visual enciclopédica: sites, ícones, janelas, portais, laços e hipertextos"*[4].

Inúmeros são hoje os *sites* na internet que procuram recuperar Camilo, apontado também como estudioso da Cabala, em sua época. A referência da Cabala para Giulio Camilo, aliás, não é inocente: ícones, portais, laços são temas muito encontrados nas tradições esotéricas.

O *site* introduz, aliás, uma curiosa metáfora para designar a página inicial: *home page*. Ou seja, a página da casa (home = lar), do que nos é (ou deveria ser) familiar, próximo, mesmo que *site* possa ser uma casa transitória, que é e deixa de ser, ao mesmo tempo. O *site* (e seu *home)*, eu diria, para expressar sua complexidade espaço-temporal, é um *LUGAR-MOMENTO*, um híbrido de *lugar-não lugar*, explicado pela transitoriedade do tempo, como seu componente.

Enfim, se a rede é um *"sac à metaphores" (saco de metáforas),* para utilizar a expressão de Pierre Musso (2001, *op. cit.*), a rede Internet é um esplêndido *lugar-momento* para o exercício (da reconstrução?) de uma das nossas mais bem-sucedidas metáforas da incompreensão conceitual: a Torre de Babel.

Rede Internet como (Rede) Híbrida

Para prosseguir na análise do que se produz com a abertura/fechamento de portas e pontes, através da Internet, vamos enumerar alguns aspectos que podem nos elucidar seu caráter híbrido. A dinâmica da porta e da ponte, isto é, do que separa e

[4] Comentário de Bertrand Schefer na introdução à obra de Giulio Camilo, *Le théâtre de la Mémoire*, donde o título original em italiano: *L'Idea del Theatro*. Tradução livre da autora.

une, é uma temática que vai aparecer em vários ensaios da obra de Simmel, como em um dos mais comentados: *Digressoes sobre o Estrangeiro*[5]. O estrangeiro, ligado ao seu mundo de origem e tentando se adaptar, "mimeticamente", a um mundo novo é, antes de tudo, a expressão de um híbrido. Em primeiro lugar, eu diria que a rede internet – quando a utilizamos – nos faz perceber esta "estrangeiridade", que Simmel admite em cada um de nós. Somos híbridos que tentam se comunicar entre si; somos ao mesmo tempo os de fora e os de dentro, face às inúmeras comunidades que se constituem em rede(s) e através dela(s). Podemos ser comunidades quando abrimos as portas e pontes que nos são familiares, ou estranhos quando elas nos enviam a "outros mundos".

Mas não somos – nós, os usuários – os únicos híbridos. A própria rede internet é um produto híbrido, ou intermediário, como nos convida a pensar o especialista em ciências políticas Lucien Sfez (2001), e que resumiremos aqui:

1 - Intermediário entre o oral e o escrito

Na transmissão de suas mensagens, encontramos um padrão muitas vezes próximo da transmissão oral, assemelhando-se a uma conversação, ainda que utilizando recursos da escrita.

2 - Intermediário entre o público e o privado

É um local público, aonde todos têm acesso e onde se podem estabelecer contactos com uma suposição de privacidade, mais individualizados. Aqui também se pode decidir sobre a privacidade ou não que queira dar às minhas informações.

Eu acrescento que esse aspecto é sempre abalado pelos *hackers*, mas os programas de correio eletrônico são uma evidên-

[5] Georg Simmel escreveu o ensaio em 1908. Ele constitui uma importante reflexão para os fundadores da chamada Escola de Chicago, na década de 20.

cia do que estamos falando: podemos escolher mandar resposta para um ou para todos, com cópias ocultas ou não.

3- Intermediário entre a generalidade e a universalidade

A generalidade envolve um certo número de indivíduos aos quais se pode somar sempre mais um, enquanto a universalidade prescinde dessa conta para sua validação em todos os lugares e a todo momento.(...)

> *"falar a todos e ter acesso a todo saber, o que é o requisito dos internautas, só pode se compreender como uma generalidade transformada em universal. Em suma, uma metáfora"* (Sfez, 2001).

4 - Intermediário entre realidade e virtual

Aqui vemos uma função de intermediação, a de ligar dois mundos, dois domínios, *"estabelecer passarelas"* – que, acrescento, poderíamos chamar pontes –, como a própria função dos *"sistemas reticulares"*, tornando-se uma substância: *"substância impalpável, que se manifesta somente em ação"* (Sfez, 2001).

Comunidades e *Ciber-Espaço-Tempo*

A busca de uma comunidade perdida, constituída por laços fraternos e solidários, domina grande parte da literatura já produzida sobre o assunto, inclusive em nosso próprio programa interdisciplinar. Essa busca da utopia comunitária agora retorna revestida de uma linguagem *pós-moderna*, como se nossas próprias incertezas e angústias contemporâneas pudessem ser amenizadas pela introdução da discussão do híbrido e suas metáforas.

A fraternidade e a solidariedade são temas caros a muitos estudantes nossos, que, quase religiosamente, procuram essa (re)ligação com as fontes perdidas.

Essa *tentação comunitária*, para aplicar a expressão de Marcel Bolle de Bal (1986), é reativada pelas redes e, no caso, pela Internet. Nesse caso, concordamos com Sfez que a rede internet não é uma utopia, mas uma ideologia. Uma ideologia poderosa que, confundindo informação com saber, não pode transformar em sábios do MIT o professor nigeriano sem laboratórios, assistentes e locais adequados para desenvolver as tecnologias (Sfez, 2001). (Esse é um debate que gostaríamos de retomar ao examinarmos a inclusão digital, em outro momento.) Do mesmo modo, as comunidades internáuticas não são comunidades, dentro da acepção dos laços fraternos e solidários reconstituídos. Elas são, antes, agregações de interesses comuns, talvez mais transitórias que a freqüência a um determinado clube ou partido político, e que se fossem instituídas como comunidades, como uma espécie de retorno à unidade em sua totalidade, perderiam o próprio caráter de fragmentação, hibridação e transitoriedade, que caracterizam as redes informáticas, como é caso da internet, e seus produtos. Entendemos aqui que tais comunidades são produzidas pelas interações de usuários, através do veículo rede internet e não como uma *comunidade original* que se utiliza da internet. Essa segunda hipótese implicaria no estudo de um movimento social, por exemplo, numa outra acepção de rede, como *Redes que Dão Liberdade*, título de um trabalho de autores espanhóis sobre os movimentos sociais contemporâneos (Riechmann, J. e Buey, F. 1994). Poderíamos, então, como exemplo, estudar como se mantém, através de redes informáticas, o movimento zapatista, em Chiapas, no México (Steele, C. 1995).

Nossa exploração aqui limita-se aos processos de imaginário e memória coletivos para pensar comunidades, a partir de nossa interação internética ou internáutica.

Mesmo considerando os enormes avanços que os computadores e a rede internet tiveram, desde que foram criados, os físicos insistem que a grande revolução está por vir. Serão os computadores quânticos, onde o isomorfismo entre os processos psíquicos e os processos microfísicos passarão da teoria para a aplicação prática. Esses computadores vão partir da leitura técnica da codificação binária, como é hoje atualmente, para permitir *"uma leitura do terceiro incluso"* nessa mesma codificação:

> *"Pela primeira vez na história existe a possibilidade de integração do finito que nós somos na unidade entre o infinitamente pequeno e infinitamente grande (...) Nós assistimos, talvez, ao nascimento do primeiro tipo histórico de interação ternária (infinitamente pequeno, infinitamente grande, infinitamente consciente)"* (Nicolescu, 2001).

Se essa idéia, de físicos como Basarab Nicolescu, é correta, teremos que re-pensar nossas causalidades:

A *"causalidade no ciber-espaço-tempo é diferente da local, regendo o nível macrofísico e da global regendo o nível quântico. Ela é uma causalidade (à boucle) aberta, devida à interface homem/ciber-espaço-tempo".*

A questão-chave será a mudança de um sistema de referência, *"introduzindo-se uma nova maneira de compreender a dialética entre simplicidade e complexidade"* (Nicolescu, 2001).

No senso de Simmel, a unidade é desejada, mas não deve ser atingida. A grande aventura é a busca, não o tesouro. Na ficção científica Matrix, o personagem Morfeu diz a Neo, como nas iniciações se fala aos neófitos: *eu mostro a porta, mas você deve atravessá-la.*

> *"(...) Através da possibilidade de uma troca duradoura, de modo diferente do ponto, que liga finito ao finito, mas que, ao contrário, nos eleve quando nós a ultrapassamos, (...) antes que o costume quotidiano embote nossas reações, e nos dê o estranho sentimento de planar entre o céu e a terra por um instante. Enquanto a ponte, linha estendida entre dois pontos, prescreve uma segurança e direção absolutas, a porta é assim feita para que por ela a vida se expanda fora dos limites do ser isolado, até ao ilimitado de todas as orientações"*, responde Simmel (1909, 1988).

REFERÊNCIAS BIBLIOGRÁFICAS

BOLLE de Bal, M. *La tentation communautaire*. Bruxelas: Univ. Bruxelas, 1986.

BRESSAND, A.; DISTLER, C. *La Planète Relationnelle*. Paris: Flammarion, 1995.

BUYDENS, Mireille. "La forme devorée. Pour une approche deleuzienne d´Internet". *In: L´Image* - Deleuze, Foucault, Lyotard. Paris: Vrin, 1997.

CASTELLS, M. *La société en réseaux* (version française). Paris: Fayard, 1998.

CAUQUELIN, A. "Concept pour un passage". *In: Images et Imaginaires des réseaux*. Paris: Univ. Paris IX-Dauphine, 1987-88.

DURAND, G. *Les structures anthropologiques de l´imaginaire*. Paris: Dunod, 1969.

FREUND, Julien. *Introdução à tradução francesa da obra de Georg Simmel - Sociologie et Epistémologie*. Paris: PUF, 1981.

JAVEAU, Claude. "Georg Simmel et la vie quotidienne - Tür et Brücke et socialité". *In*: WATIER, Patrick. (Org.) *Georg Simmel et l'expérience du monde moderne*. Paris: Meridiens Klincksieck, 1986.

MARTUCCELLI, D. *Sociologies de la Modernité - L'Itinéraire du XX siècle* - capítulo: "Georg Simmel ou la modernité comme aventure". Paris: Gallimard, 1999.

MUSSO, P. "Genèse et Critique de la Notion de Réseau". *In*: PARROCHIA, D. (sous la direction). *Penser les Réseaux*. Seyssel: Champ Vallon, 2001.

NICOLESCU, B. "Le cyber-espace-temps et l'imaginaire visionnaire". *In:* PARROCHIA, D. *Op.cit.*

PARROCHIA, D. (Org.) *Penser les Réseaux*. Seyssel: Champ Vallon, 2001.

Participação e Desenvolvimento Sustentável - Novas Estragégias, Velhos Desafios, CD-Rom produzido pela autora com a equipe do Laboratório de Imagens do Programa EICOS, com colaboração da professora Rosa Pedro, e distribuído pela UNESCO, 2001/2002.

RIECHMANN, J.; BUEY, F. F. *Redes que dan libertad - introduccion a los nuevos movimentos sociales*. Barcelona: Paidos, 1994.

SCHEFER, B. Na introdução à obra de Giulio Camilo, *Le théâtre de la Mémoire*. Paris: Allia, 2001 (original italiano: *L'Idea del Theatro*).

SERRES, M. Hermés I - *La communication - Le réseau de communication*: *Pénélope*. Paris: Minuit, 1968.

SERRES, M. *La légende des anges*. Paris: Flammarion, 1994.

SFEZ, L. "Le réseau: du concept initial aux technologies de l'esprit contemporaines". *In:* PARROCHIA, D. (Org.) *Penser les Réseaux, op. cit.*

SIMMEL, G. (1909). "Pont et Porte". *In*: *La tragédie de la Culture et autres essais*. Paris: Rivages, 1988.

SIMMEL, G. (1908). "L´Étranger". *In:* JOSEPH, I.; FRITSCH, P. *L´École de Chicago - naissance de l´ecologie urbaine*. Paris: Le Champ Urbain, 1979.

SIMMEL, G. *Sociologie et Epistémologie*. Paris: PUF, 1981.

STEELE, C. "El zapata finisecular:culturas híbridas, neoliberalismo y el ultimo levantamiento maya de Chiapas/Zapata and the close or the century: hibrid cultures, neoliberalism and the recent maya uprising in Chiapas." *In*: D´AVILA NETO, M. I. *Social Development, Challenges and Strategies.* UNESCO Chair Publ., 1995.

TÖNNIES, F. (1887) *Communauté et Société*. Paris: Retz, 1977.

AS REDES NA ATUALIDADE: REFLETINDO SOBRE A PRODUÇÃO DE CONHECIMENTO

Rosa Maria Leite Ribeiro Pedro

Introdução

Realizar uma reflexão acerca da produção de saber na Atualidade comporta, de imediato, um desafio, que consiste na tentativa de pensar o que nos acontece. Com isso queremos apontar que, em relação à Atualidade, não podemos tomar a distância que, de certo modo, conforta o historiador clássico – para quem a objetividade do fato estaria garantida pela distância no tempo; e nem tampouco desejamos nos valer da neutralidade do cientista – delimitando um recorte capaz de garantir a distância entre nós e nosso "objeto". Muito ao contrário, nossos esforços de pesquisa se conduzem na Atualidade e se dirigem à compreensão do tecido social que nos envolve, do sujeito que somos e do modo como produzimos conhecimento. Consideramos que, por sermos igualmente atores e espectadores deste nosso tempo e por não abrirmos mão de compreendê-lo, nosso empreendimento envolve nos movermos no que ainda não sabemos.

Nossa compreensão acerca do significado da Atualidade implica em entendermos antes o significado da Modernidade e, sobretudo, o que pode significar esta transição. Aqui, seguimos as análises do sociólogo das ciências e das técnicas Bruno Latour (1994), que define Modernidade não como um tempo, mas como uma **atitude**, que envolve a operação conjunta de dois tipos de práticas distintas. O primeiro conjunto de práticas cria, por "tradução", misturas entre gêneros, **híbridos** de natureza e sociedade. O segundo gera, por meio de um trabalho de "purificação", duas zonas ontológicas completamente distintas, a dos humanos e a dos não-humanos, a dos sujeitos e a dos objetos. Enquanto acreditamos que essas práticas eram realmente separadas e independentes, pudemos nos definir como modernos – um projeto de purificação crítica, ele próprio, no entanto, fruto da proliferação dos híbridos. A partir do momento em que nos demos conta de sua simultaneidade, deixamos instantaneamente de ser modernos – e nosso futuro começou a mudar. Com ele, também, o nosso passado; pois, se ser moderno implica na invisibilidade das práticas, ao podermos ver esta operação estratégica conjunta, tal como esteve funcionando até agora, é possível afirmar, como faz Latour, que "*jamais fomos modernos*". O interessante neste argumento é o fato de considerar que as práticas de tradução e de purificação, embora aparentemente se oponham, nunca deixaram de atuar juntas. De acordo com Latour, a segunda possibilitou a primeira, ou seja, quanto mais nos proibimos de pensar os híbridos, mais seu cruzamento se tornou possível – eis o paradoxo dos modernos que podemos, hoje, conceber.

Latour conceitua "crise da Modernidade" como a condição que se abre a partir de um certo desequilíbrio no funcionamento das práticas modernas; ou seja, os híbridos foram se tornando cada vez mais numerosos, de tal modo que as práticas de purificação deixaram de conseguir cumprir o seu papel. E mais, o próprio movimento da purificação, acelerado pelo ritmo da hibridação, acabou por proliferar os híbridos, num movimento espiralar crescente[1]. Complementando as análises de Bruno Latour, argumentamos que essa intensificação na produção dos híbridos teve como elemento decisivo a entrada em cena de um elemento novo – a *tecnologia* – complicando a já complexa relação entre natureza e sociedade. Os novos e mais numerosos híbridos que são, então, produzidos engendram a necessidade de novas práticas de purificação que, por sua vez, colocam em cena uma nova categoria, estranha ao pensamento moderno: o artifício (PEDRO, 1996a; 1996b). Este não se reduz apenas ao conceito de arte-fato cultural, na medida em que nos oferece a possibilidade de produção artificial/maquínica de nossa "natureza", abrindo igualmente a possibilidade de alterar e redefinir nossa humanidade e os contornos do mundo dito "natural".

O delineamento deste cenário – em que natureza, sociedade e tecnologia se misturam incessantemente – é que nos permite qualificar o esgotamento dos referenciais modernos e a passagem à Atualidade. Não se trata de pensar uma crise que contenha o germe de uma nova etapa que lhe sucederia, como um ultrapassamento ou revolução. A Atualidade emerge como efeito de uma proliferação desmesurada de híbridos – que as categorias modernas não conseguem mais conter – e de infindáveis tentativas de purificação, produzindo um "excesso de visibilidade" de práticas que precisam da invisibilidade para operar com precisão.

Ao cenário híbrido assim configurado, vale acrescentar a percepção, já generalizada, de que estamos imersos num mundo de transformações cada vez mais aceleradas, dada a mediação intensa promovida pelas novas tecnologias, em que as informações circulam de forma cada vez mais profusa e difusa, tornando-se rapi-

[1] Esta análise tem profunda ressonância com a que faz Zygmunt Bauman (1999) acerca da Modernidade. Segundo o autor, a Modernidade se definiria por ter se atribuído a mais impossível de todas as tarefas – produzir a ordem, eliminando qualquer ambivalência – e, assim, prorrogar indefinidamente sua permanência: quanto maior a tentativa de ordenação, mais ambivalência se produz e assim por diante.

damente obsoletas. Tudo isto parece requerer – e este o objetivo do trabalho aqui proposto – uma reflexão voltada para a produção do conhecimento, na busca de ferramentas "ágeis" que possam simultaneamente ter sintonia com esse contexto "ultra veloz", alimentar-se do que está sendo incessantemente produzido e nele se inserir segundo uma perspectiva, antes de tudo, ética.

A partir de tal caracterização, e entendendo o quanto as categorizações produzidas na Modernidade revelam-se hoje insuficientes para dar conta de um mundo povoado de coletivos e de misturas, buscaremos apresentar outras ferramentas conceituais, procurando evidenciar sua relevância para a pesquisa psicossocial. Esta proposta passa pelo desafio de não desfazer os híbridos – híbridos que somos nós, que são os saberes e a sociedade. Como elemento central nesta proposta figura a noção de rede ou de coletivos, que procuraremos apresentar tanto em sua constituição morfológica quanto em sua dinâmica de operação.

Redes Sociotécnicas e Coletivos: Uma Cartografia Dinâmica

A reflexão acerca da produção de saber se inicia com a constatação de que já que não podemos mais identificar conhecimento a ciência e, assim, remeter a questão do conhecimento apenas ao "contexto do laboratório"[2]. Segundo o sociólogo das ciências e das técnicas Michel Callon (1996), essa concepção foi responsável pelo formato que tem moldado nossa atividade de pesquisa e de produção de conhecimento, em vários de seus diferentes aspectos. Primeiramente, na separação entre pesquisa de base (pura) – a produção

[2] É importante assinalar que o laboratório é aqui usado de forma emblemática, para designar o locus de pesquisa que se constitui separado do mundo e da sociedade.

do conhecimento "em si" – e sua aplicação posterior, fortalecendo a idéia de uma ciência que se produz na exterioridade do mundo. E ainda na idéia de conhecimento (científico) como uma revelação da verdade da natureza, que, uma vez evidenciado, constituiria um bloco sólido por oposição a outros enunciados produzidos em outros contextos – os saberes não oficiais ou locais, as crenças, etc.

Para começarmos a delinear uma concepção alternativa, caberia recorrer à definição que Bruno Latour faz de *rede* e que ele apresenta como modo de configuração de nossa realidade sociotécnica (LATOUR, 2001).

Latour começa a propor a noção de rede a partir do momento em que concebe qualquer objeto ou evento como um híbrido, como um agenciamento de natureza, sociedade e técnica. No seu entender, quando tentamos estabelecer fronteiras nítidas entre esses "domínios", mais ligações são explicitadas, evidenciando a amplitude e o alcance de suas conexões. Cada vez que um elemento trafega na rede, ele carrega consigo toda a sua história, transportando-a para outros locais que não o seu de origem e estendendo seu alcance – transformando, assim, toda a rede. Neste movimento, humanos e não-humanos são igualmente mobilizados.

Em termos topológicos, uma rede se caracteriza por suas conexões, seus pontos de convergência e de bifurcação; por sua heterogeneidade, admitindo a diferenciação, em seu interior, de subconjuntos articulados entre si. É a força desses agenciamentos internos que permite melhor defini-la, entendendo-se que não se trata de vínculos estáveis e perfeitamente estabelecidos, mas antes de relações meta-estáveis que implicam numa permanente redefinição. Cada agenciamento, que se estabelece de forma local e singular, repercute na rede inteira.

O conceito de rede é interessante na medida em que permite lidar com alguns embaraços trazidos por outros conceitos que lhe são aparentados, como, por exemplo, o de sistema, estrutura e complexidade. Ao conceito de sistema, a noção de rede permitiria acrescentar uma certa flexibilidade e um caráter de permanente redefinição, não exigindo, portanto, totalização. Ao conceito de estrutura, a noção de rede parece conferir uma historicidade, na medida em que não se define apenas por sua forma mas, sobretudo, pela dinâmica que possibilita acompanhar a gênese dos movimentos que transformam os feitos em fatos. Com relação ao fértil e poderoso conceito de complexidade, a noção de rede pode oferecer uma certa capacidade de operacionalização, permitindo que nos debrucemos sobre a cotidianeidade dos acontecimentos e sobre as práticas que refletem o próprio movimento de hibridação.

Por não se deixar capturar pelo enquadramento moderno, a noção de rede pode, igualmente, escapar das categorizações dicotômicas que produzem, continuamente, hierarquias. A apreensão em rede possibilita o delineamento de configurações que se diferenciam, certamente, porém esta distinção é aquela que lhes confere uma lógica social singular, aí residindo sua força. O que torna uma rede forte, diria Callon (1996) é que cada um de seus pontos se apóia em outros – a força deixa de ser um atributo individual para se tornar uma questão de relações e de alianças.

> "*Os objetos são amostras, agregados cujo sentido, função e influência só podem ser compreendidos reconstruindo seus limites, isto é, a* ***rede*** *da qual eles constituem um elemento*" (LATOUR, B; SCHWARTZ, C. & CHARVOLIN, F, 1998, p. 104, grifo nosso).

Uma outra dicotomia que a rede permite ultrapassar é aquela entre o local e o global, que se desdobra na oposição entre, por um lado, a tradição e a valorização dos patrimônios, e, por outro, a globalização, a uniformização e a universalização. Pensar com a lógica das redes permite entender que o mesmo movimento produz o geral e o particular, sendo o global a justaposição de redes que se estendem e se "encavalam". Nesse sentido, uma sociologia das redes é igualmente uma geografia, ou uma cartografia social (SERRES, 1995).

O conceito de **rede** tem grande afinidade com o de **rizoma** (DELEUZE & GUATTARI, 1995), que também se caracteriza pela heterogeneidade de sua composição, sobretudo no agenciamento de humanos e não-humanos, e cujas conexões múltiplas e heterogêneas não se dão a partir de qualquer essência ou determinação prévia dos elementos: o princípio de conexão é anterior ao de identidade:

> "*Um rizoma não começa nem conclui, ele se encontra sempre no meio, entre as coisas, inter-ser, intermezzo. A árvore é filiação, mas o rizoma é aliança, unicamente aliança (...). Entre as coisas não designa uma correlação localizável que vai de uma para outra e reciprocamente, mas uma direção perpendicular, um movimento transversal que as carrega uma e outra, riacho sem início nem fim, que rói suas duas margens e adquire velocidade no meio*" (p.37).

Segundo estes conceitos – de rede ou rizoma –, a Atualidade pode ser entendida pelo entrelaçamento de humanos e não-humanos, uma espécie de enquadramento em que se diferenciam os seguintes movimentos:

– translação, os meios graças aos quais articulamos espécies variadas de matéria;
– permutação, que consiste na troca de propriedade entre humanos e não-humanos;
– recrutamento, por meio do qual um não-humano é seduzido, manipulado ou induzido ao coletivo;
– mobilização de não-humanos dentro do coletivo, trazendo recursos frescos e inesperados, daí resultando novos híbridos;
– deslocamento, direção tomada pelo coletivo depois que sua forma, extensão e composição foram alteradas pelo recrutamento e mobilização de novos agentes (LATOUR, 2001).

Latour propõe esse quadro, mas o nomeia "diagrama impossível", uma vez que sua permanente mobilidade impediria a estabilização de uma forma definitiva. No entanto, ressalta sua relevância estratégica para nos aproximarmos de uma cartografia mais simétrica, uma cosmopolítica que "nos coleta a todos", nós – humanos e não-humanos – que não habitamos senão apenas espaços de mediação (LATOUR, 1996).

A Produção de Conhecimento nas Redes

A compreensão da morfologia das redes revela-se, assim, um ponto de partida para concebermos, de forma diferenciada, a própria atividade científica e a produção de conhecimento. Vale lembrar, seguindo Latour, que a ciência foi decisiva para a constituição da Modernidade e, conseqüentemente, para a produção de dicotomias e hierarquias, dentre as quais é possível destacar aquela forjada entre o mundo dos objetos – a natureza – e o mundo dos sujeitos e lugar do sujeito do conhecimento[3] – a sociedade.

Ao deslocarmos nosso ângulo das categorias modernas para as redes da Atualidade, é possível argumentar que, embora a ciência tenha se pretendido porta-voz da natureza, ela teve seu sucesso justamente pela mobilização cada vez maior de humanos e não-humanos. Recorrendo à metáfora do sistema circulatório e do fluxo sanguíneo para caracterizar as redes científicas, Latour afirma que "*a noção de uma ciência isolada do resto da sociedade se tornará tão absurda quanto a idéia de um sistema arterial desconectado do sistema venoso*" (LATOUR, 2001, p. 97). Nesse sistema, circulam elementos heterogêneos que partilham um destino comum dentro de um coletivo comum. É isto que permite a Latour afirmar que um conceito não se torna científico por estar distanciado do restante do que ele envolve, mas porque se liga cada vez mais estreitamente a um repertório bem maior de recursos.

Nesse sentido, para problematizar a questão do conhecimento científico na lógica das redes, devemos nos afastar da lógica disjuntiva própria ao projeto moderno e seguir as pistas fornecidas

---

[3] A garantia do conhecimento repousa no pressuposto representacional, em cuja base figura a **separação entre sujeito e objeto**, ambos constituídos previamente ao ato de conhecer, que podia fornecer, assim, uma imagem estável do mundo. A crítica que Latour dirige a este modelo é radical:

> "*A idéia de uma mente extirpada singular e solitária, observando um mundo exterior do qual se acha absolutamente isolada mas procurando, ainda assim, extrair certeza da frágil rede de palavras estendida por sobre o perigoso abismo que separa coisas de discurso, é tão implausível que não se pode sustentar por muito mais tempo (...). Não existe um mundo lá fora, não porque inexista um mundo, mas porque não há uma mente lá dentro, nenhum prisioneiro da linguagem fiado unicamente nos apertados caminhos da lógica*" (LATOUR, 2001, p.338).

por Latour (2000), que busca compreender o **conhecimento** a partir de sua **produção**, que ele propõe tematizar através da **fabricação dos fatos**. Caracterizando esta atividade como a mais social de todas as atividades humanas, Latour (1983) define fato como um enunciado que passa a ser aceito sem que dele se faça mais questão. Acompanhar o caminho que leva do enunciado ao fato permite, assim, recuperar sua origem nômade e mutante, seus percursos de múltiplas modificações ao longo da rede sociotécnica. A noção de *ciclo de acumulação* (LATOUR, 1983, 2000) é decisiva para indicar que conhecimento tem a ver com familiaridade: trazer as coisas para que elas sejam vistas pela primeira vez e cada vez mais mobilizar o retorno dessas coisas para o mesmo ponto. Esse ponto torna-se, assim, um **centro** e estabelece com outros pontos da rede uma relação assimétrica: acumula conhecimento, portanto **poder**, e exerce sua dominação sobre todos os outros pontos da rede, mesmo à distância. Falar em ciclo de acumulação é, nesse sentido, abrir a possibilidade de recuperar a memória de algo que precisa ser esquecido, a saber, as contingências sociotécnicas que fabricam o fato. Uma vez delineada tal cartografia, torna-se impossível que o acúmulo de poder permaneça oculto sob a lógica que fundamenta o conhecimento verdadeiro. Desnudam-se os "fetiches" (LATOUR, 1996, 2001) e a própria atividade dos cientistas se revela como um campo agonístico que integra controvérsias, relações de poder e de força, alianças, dificultando a separação entre a política da ciência e sua verdade.

Podemos também afirmar, a partir daí, que são colocadas em questão as hierarquias com relação aos saberes. Isto porque as "redes de conhecimento" podem ser comparadas em função de seu tamanho, dos pontos que interligam, do volume das trocas estabelecidas. Porém essa comparação não permite que sejam classificadas em mais ou menos verdadeiras, classificação esta que estaria garantida pela chamada "Grande Divisão" (Latour, 1983). De acordo com a Grande Divisão, haveria uma fronteira natural e absoluta entre espírito científico e pré-científico, entre a **verdade** – o que poderia ser evidenciado pela ciência através da experimentação e nos laboratórios – e as **crenças**, que estariam em nosso passado, como etapa de nossa trajetória de civilização rumo ao progresso e, por analogia, nas sociedades cuja "língua nativa" não fosse a ciência. Quando nos dedicamos a traçar a gênese dos fatos – científicos, históricos, humanos, sociais – apreendemos sua constituição como "feitos", ou seja, fabricados meticulosamente no dia a dia.

Importante se faz ressaltar que não há qualquer juízo de valor em tal constatação, ou uma espécie de "denúncia" que, ao associar conhecimento e poder, pudesse evidenciar uma ciência impura. Ao contrário, ao voltarmos nossa reflexão para a ciência, buscamos evidenciar a impossibilidade de se produzirem relatos puros, com o objetivo de colaborar para a produção de um conhecimento "mais simétrico", que vê no mesmo movimento a constituição do verdadeiro e do falso. Neste movimento, desenhado por meio de estratégias, alianças e desvios, sujeito e objeto, humanos e não-humanos, natureza e sociedade se tecem conjuntamente. Talvez aí encontremos as pistas para uma ciência ou um conhecimento mais conectado com sua hibridação social.

A modelização da produção do conhecimento em rede permite ainda problematizar uma outra cisão constituída na Modernidade, a saber, aquela entre a **teoria** – concebida como domínio do conhecimento puro – e a **prática**, identificada ao universo da ação. A ponte pretensamente empreendida pelo método científico – seja como mediador entre os conceitos teóricos e a situação experimental, seja como mediador entre o olhar do sujeito e a representação do objeto – longe de promover a aproximação dos pólos, contribuiu ainda mais para apartá-los, pois também estava calcado na cisão entre o humano e o não-humano.

Se a maioria das análises críticas acerca da ciência moderna ressalta o fato de que ela, ao tentar apreender o mundo, acaba por "excluí-lo" (AMARAL, 1995) – na medida em que suas práticas de purificação acabam por descaracterizá-lo – Latour (1997), através de sua "antropologia simétrica" aplicada ao próprio conjunto científico-tecnológico, nos mostra que quanto mais a ciência avança, mais ela se mistura com o próprio mundo. Ou seja, a gênese dos processos de purificação revela mais e mais hibridação. Nesse contexto, a teoria não se define como uma abstração com relação aos dados empíricos, mas antes como:

> "*interseções graças às quais os centros mobilizam, manipulam, combinam, reescrevem e interligam todos os traçados obtidos através das redes em permanente expansão*" (LATOUR, 2000, p.393).

Aqueles que, por privilegiarem a teoria, se surpreendem com sua adequação aos dados empíricos estão, na verdade, partindo de um equívoco inicial no raciocínio, que é a concepção de teoria e prática como domínios apartados. Se, ao invés disso, formos capazes de seguir as redes, encontraremos um caminho tecido de estratégias, alianças e desvios, de tal modo que a teoria "coincide" com a prática porque ambas se tecem conjuntamente. O que nos levava a crer na separação entre conhecimento e mundo pode ser agora reinterpretado como um dispositivo de poder que permitia sua acumulação nos "centros de cálculo".

Pensar a circulação dos enunciados/fatos nos meandros da rede também permite questionar o par **objetividade/subjetividade** na produção de conhecimento. Isto porque, de acordo com as teorias clássicas da cognição e da comunicação, a fidedignidade está associada à representação verdadeira – de primeira ordem, no ato de conhecimento, e de segunda ordem, no caso da enunciação e transmissão daquela verdade. No âmbito da ciência, a neutralidade figurou como garantia tanto da obtenção de conhecimento verdadeiro quanto da possibilidade de apresentá-lo da forma mais objetiva possível, com o mínimo de ruído/erro ou deturpação pelos humanos envolvidos. Com base na concepção de que um fato (científico) se produz a partir da circulação de um enunciado ao longo da rede e que seu "endurecimento" se faz pela mobilização que for capaz de produzir, Latour nos permite pensar que é pela reapropriação local, em diferentes pontos da rede e por diferentes atores, que um fato se torna "objetivo". Como toda reapropriação é sempre uma transformação, ela envolve deturpação, reinvenção. Inverte-se, assim, o jogo fidelidade/infidelidade: se o fato não for reapropriado localmente – portanto, transformado – seu fluxo se interrompe e a comunicação não se dá. Nas palavras do próprio Latour,

> "*A fidelidade não se mantém pela identidade de cada relato em cada contexto mas, ao contrário, pelo fato de que a mesma coisa é dita diferentemente em todos os contextos*" (LATOUR, 1983, p.234).

Cabe aqui a referência ao modelo comunicacional da "Epidemiologia das representações", elaborado por Dan Sperber (1998) – presente também nas formulações de Pierre Lévy (1993) – que igualmente aponta para esse caráter aberto e acentrado da disseminação em rede. Ao afirmar que as idéias, tal como os vírus, se propagam por contágio, Sperber já assinalava que, uma vez postas em circulação, não temos meios de prever de antemão seus possíveis agenciamentos ou efeitos. Nesse sentido, a reapropriação subjetiva pode ser tomada em seu caráter constitutivo – e não deturpador, como o modelo clássico/moderno fazia supor – das novas modalidades cognitivas e interativas.

O decisivo aqui é atentar para o trabalho das mediações – operado pela ação dos coletivos de humanos e não-humanos – não como intermediários que transportam ou deturpam a potência da natureza e da sociedade, mas como aquilo mesmo que produz, e, portanto, redefine, o que a natureza é capaz e o que podem ser o homem e a sociedade. A partir dessas operações de mediação é que podemos (re)fazer a história dos coletivos homens e coisas: de como os sujeitos constroem seus objetos, de como os objetos fazem o sujeito. Desse modo, evidencia-se a assimetria dos relatos e desnudam-se os embates locais – controvérsias (SERRES, 1995; STENGERS, 1990) – que produzem vencedores e vencidos.

O próprio conceito de "informação", que no âmbito dos estudos cognitivos foi concebido como um neutro – porque matematizável e capaz de transmitir mensagem pela independência entre forma e conteúdo – pode recuperar sua constituição híbrida e, nesse sentido, tomar a forma de algo que participa da constituição da atualidade:

> "*A informação não é algo que circula e que devemos 'captar' (...) ela se constrói, se elabora em comum, é local, contingente, imprevista, na medida em que supõe o contato direto, as negociações, as adaptações, em suma, um percurso coletivo de concepção*" (CALLON, 1996, p.9).

Gilles Deleuze (1992) também salienta esse caráter de não-neutralidade da informação, acrescentando a isso uma propriedade que ele considera decisiva: sua potência não apenas de se **construir no social**, mas sobretudo de **tecer o social**, modelando os sujeitos, os corpos e a vida. No âmbito do que ele denomina como **sociedade de controle**, a informação seria, inclusive, um novo dispositivo de poder, um "*conjunto de palavras de ordem*", de tal modo que o ato de informar não poderia ser associado a uma "neutralidade" que nos capacitaria a decidir melhor; muito ao contrário, quando nos informam algo, estão nos dizendo o que julgam que devemos crer e ainda que devemos nos comportar como se acreditássemos na informação oferecida. Informar significa: fazer circular uma palavra de ordem e, nesse movimento, modelar de modo contínuo, flexível e mutante as configurações subjetivas e coletivas[4].

Voltar nossa atenção para a configuração da informação como dispositivo de poder e seu exercício através das redes abre a possibilidade de reconhecermos que nosso ofício de pesquisador implica, de imediato, uma dimensão ética. Sabemos que este modo de compreensão da sociedade e da produção do conhecimento que propõe as redes como um instrumental fértil para a pesquisa – porque parece retratar os mecanismos e dispositivos que estão hoje em ação – pode estar, no mesmo movimento, contribuindo para reconduzir e reforçar o exercício e os efeitos do poder, em uma alimentação recíproca (LAW & URRY, 2002). Com isto queremos ressaltar que conhecimento não deveria ser entendido apenas como o que busca apreender o que o mundo é mas, e sobretudo, como o que produz mundo. Assim, as redes devem ser tomadas como ferramentas estratégicas, nas quais se buscam não apenas os movimentos já constituídos mas, antes, os fluxos em constituição, em que nossas próprias ações criam conhecimento, criam redes, criam mundo. Epistemologia, ontologia e ética se mesclam, portanto, na imanência de nossos esforços de pesquisa e nos implicam na virtualidade do que produzimos, seja para nos assujeitarmos aos saberes e às cisões já constituídas, seja para a composição das linhas de fuga que formos capazes de desenhar.

---

[4] Deleuze (1992) chama a atenção para a velocidade e virtualidade dos dispositivos informacionais e tecnológicos da Atualidade, que possibilitam formas ultra-rápidas de controle ao ar livre, conjugando limitação e liberdade e produzindo uma *modulação* contínua da vida que funciona por controle contínuo e comunicação instantânea.

Considerações Finais

Refletir acerca da produção de conhecimento na dimensão das redes e dos coletivos – portanto, do que nos liga aos outros, humanos e não-humanos – figura, assim, como uma oportunidade para problematizarmos nossa própria constituição como pesquisadores, como cientistas.

Quando voltamos esta reflexão para o nosso ofício cotidiano de pesquisa – a partir da influência dos autores aqui referidos e de outros, por certo – somos instigados a colocar em questão, como objeto de debate e crítica, a racionalidade, a universalidade, a verdade. Neste movimento de reflexão, ganham corpo a relativização do conhecimento científico, a valorização dos saberes locais. Porém, a despeito de nossos esforços, corremos o risco de deixar fora do campo de problematização os nossos próprios movimentos, como cientistas e pesquisadores, na rede. Atentar para esses movimentos – de aproximação e de recuo em face do outro, das coisas, do novo; de mobilização de mundo, de agenciamentos e "endurecimento" e fabricação de fatos – pode servir para desocultar o fato de que o nosso próprio saber – este mesmo que produzimos em nossos laboratórios, em nossos grupos de pesquisa, em nossas aulas – é também objeto de uma luta. Nesta luta, o saber é igualmente um poder e, no mesmo movimento de sua produção, algo acaba por ser dizimado: o outro, nas suas mais diferentes formas.

É curioso constatar que justamente aqueles que tentam ocultar essa luta sob a capa da racionalidade precisam esquecer tal operação de ocultação e se acreditar "racionais". Fica a pergunta: nós, que nos julgamos hábeis no exercício da crítica, seremos capazes, como pesquisadores, de estar atentos às nossas próprias operações de poder? E se formos, poderemos suportar o não esquecimento da luta? Seremos capazes de perceber os nossos "outros"? Somos capazes de suportar o peso de tanta memória?

É ainda Latour que nos oferece algum alento – esperança? –, na passagem da **Ciência à Pesquisa**:

> "*Se a Ciência prospera agindo como se fosse desvinculada do coletivo, a Pesquisa é vista antes como uma 'experimentação coletiva' daquilo que, humanos e não-humanos, juntos, podem suportar (...). A Pesquisa é a zona para a qual são arrastados humanos e não-humanos, onde ao longo das idades foi feito o mais extraordinário dos experimentos coletivos para distinguir, em tempo real, o 'cosmos' da 'desordem' sem que ninguém pudesse saber de antemão qual seria a reposta provisória (...) Longe do estrondo das guerras nas ciências (...), fatos e artefatos podem inspirar muitas outras conversas, bem menos belicosas, mais produtivas e, decerto, mais amistosas*" (2001, p.37).

REFERÊNCIAS BIBLIOGRÁFICAS

AMARAL, Marcio Tavares. *O Homem sem fundamentos – sobre linguagem, sujeito e tempo*. Rio de Janeiro: Ed. UFRJ/Tempo Brasileiro, 1995.

BAUMAN, Zygmunt. *Modernidade e ambivalência*. Rio de Janeiro: Jorge Zahar, 1999.

CALLON, Michel. "L'Evolution du rapport de l'homme à la connaissance: pour de nouvelles approches de la science, de l'innovation et du marché". *In*: *Information et Innovation dans les filières dispersées*. Corté, 11-12 Janvier: 15-22, 1996.

DELEUZE, Gilles. "Sobre as sociedades de controle". *In*: DELEUZE, Gilles. *Conversações*. São Paulo: Ed. 34, 1992.

DELEUZE, Gilles; GUATTARI, Félix. *Mil Platôs – Capitalismo e Esquizofrenia, Vol. 1*. São Paulo: Ed.34, 1995.

LATOUR, Bruno. Comment redistribuer le grand partage? *Revue de Synthèse*, 1983, vl. CIV, n.110: 203-235.

LATOUR, Bruno. *Jamais fomos modernos*. Rio de Janeiro: Ed. 34, 1994.

LATOUR, Bruno. "Do humano nas técnicas". *In*: SCHEPS, Ruth. (Org.) *O Império das técnicas*. Campinas: Papirus, 1996a.

LATOUR, Bruno. *Petite réflexion sur le culte moderne des dieux faitiches*. Paris: Synthélabo, 1996b.

LATOUR, Bruno. *A Vida de laboratório – a produção de fatos científicos*. Rio de Janeiro: Relume Dumará, 1997.

LATOUR, Bruno. *Ciência em ação – como seguir cientistas e engenheiros sociedade afora*. São Paulo: Ed. UNESP, 2000.

LATOUR, Bruno. *A Esperança de Pandora*. São Paulo: EDUSC, 2001.

LATOUR, Bruno; SCHWARTZ, Cécile; CHARVOLIN, Florian. "Crises dos meios ambientes: desafios às ciências humanas". *In*: ARAÚJO, Hermetes Reis. (Org.) *Tecnociência e cultura – ensaios sobre o tempo presente*. São Paulo: Estação Liberdade, 1998.

LAW, John; URRY, John. *Enacting the social* (2002). Disponível na Internet via www.com.lancs.ac.uk/sociology/soc099jlju.html. Consulta efetuada em 20/06/2002.

LÉVY, Pierre. *As Tecnologias da inteligência*. Rio de Janeiro: Ed. 34, 1993.

PEDRO, Rosa. "Cognição e Tecnologia: híbridos sob o signo do artifício." Tese de Doutorado. Rio de Janeiro, ECO/UFRJ, 1996a.

PEDRO, Rosa. Cognição do Híbrido. *In*: AMARAL, Marcio Tavarcs. (Org.) *Contemporaneidade e Novas Tecnologias*. Rio de Janeiro: Editora Sette Letras, 1996b.

SERRES, M. Prefácio. *In*: SERRES, M. (Org.) *Elementos para uma história das ciências I – da Babilônia à Idade Média*. Lisboa: Terramar, 1995.

SPERBER, Dan. "As ciências cognitivas, as ciências sociais e o materialismo." *In*: ANDLER, Daniel. (Org.) *Introdução às ciências cognitivas*. São Leopoldo: UNISINOS, 1998.

STENGERS, Isabelle. *Quem tem medo da ciência? Ciências e poderes*. São Paulo: Siciliano, 1990.

DA SUSTENTABILIDADE À SUSTENTABILIDADE DO SER: POR UM DESENVOLVIMENTO HUMANO DURÁVEL

Tania Barros Maciel

O interesse do psicólogo social pelas questões de desenvolvimento comunitário tem sido cada vez maior e se justifica, tanto pela necessidade de reconhecer o contexto situacional de seu tempo, como por permitir um direcionamento consciente nas questões centrais de sua própria prática profissional (Moscovici, 2002).

O Desenvolvimento comunitário se processa, como nos tem mostrado Silvia Lane (Lane, 1980), numa dinâmica sócio-histórica (socioeconômico-cultural).

Vivemos num mundo em que dois bilhões de seres humanos sobrevivem sem água potável, em que a fome deixou de ser um fenômeno isolado e passou a ser um dado generalizado atingindo 800 milhões de pessoas espalhadas pelos cinco continentes, sem exceção, e em que 1,4 bilhões de pessoas vivem com um salário de menos de um dólar por dia e 14 milhões de pessoas morrem antes do quinto ano de vida (Santos, 2000).

É exatamente dentro desse contexto de desigualdades que a Psicologia e a Ecologia Social se inserem e atuam. Pensar na problemática e nas possíveis soluções que possam assegurar o desenvolvimento das populações passa a ser hoje um dos enfoques básicos das ciências sociais.

> *"Perceber que o mais importante é o social foi a descoberta mais relevante da minha vida... É isso que o cientista social deve prezar mais: o interesse social"* (Furtado, 2000:93).

O que o Desenvolvimento Humano Durável e a proposta de Desenvolvimento como liberdade fazem hoje é o mesmo que foi feito na Filosofia Humanista do século XVI, é resgatar o homem de um período de trevas, não mais das "trevas" religiosas da Idade Média, mas das "trevas" do economicismo capitalista que durante muitas décadas deu prioridade ao desenvolvimento como aumento de capital e não como uma busca de melhoria da qualidade de vida para o homem. Quando hoje se propõe que o homem ou a liberdade são o objetivo do desenvolvimento, está-se fazendo um resgate do humano.

A interface entre as questões do desenvolvimento e a Psicologia se encontra justamente no ponto em que dizem respeito ao homem. A Psicologia é uma ciência que estuda o homem tanto no nível subjetivo quanto no nível interpessoal e na sua relação com o meio, de modo que tudo o que influencia a vida do homem ou está em relação com este é objeto da Psicologia. As concepções de desenvolvimento e as ideologias que a perpassam influenciam de forma direta a vida e os valores do homem, a sua relação com o meio e a sua sobrevivência.

O Ecodesenvolvimento foi a primeira concepção a questionar o desenvolvimento econômico, através da proposta de se levar em conta o meio ambiente, tendo em vista a satisfação das necessidades do homem. Dentro dessa concepção o homem deve ser o centro e o objetivo do desenvolvimento, o que exige uma reorganização da dinâmica mercado-sociedade-Estado, existente na perspectiva economicista, de modo a se conseguir alcançar um bem-estar humano. Essa reorganização, porém, é extremamente complexa e exige a mudança dos paradigmas vigentes nesse sistema, de modo a conseguir harmonizar crescimento econômico com uma utilização racional dos recursos ambientais. Para tanto se vai procurar diminuir a utilização dos recursos não-renováveis e das tecnologias que poluem o meio ambiente, buscando, igualmente, gerenciar de modo equilibrado os recursos renováveis (Sachs, 1986:52). "O desafio consiste na redefinição das formas e usos do crescimento e não na desistência do crescimento" (Sachs, 1986:53).

Uma das questões importantes para a concepção do Ecodesenvolvimento é a valorização e o aproveitamento dos recursos e tecnologias próprios de cada sociedade/região, sobretudo no que diz respeito a nutrição, habitação, produção e uso de energia. Tem sua origem numa crítica à forma como as regiões menos desenvolvidas economicamente procuram se desenvolver buscando padrões e referências em outras regiões, gerando, assim, um desenvolvimento imitativo que em sua maioria consegue apenas gerar dependência, estando fadada ao fracasso. As regiões que seguem esse padrão imitativo não percebem que precisam buscar seu desenvolvimento a partir de sua história, sua cultura e seus recursos próprios (Sachs, 1986:54).

Um outro fator importante a ser considerado é a participação da população envolvida no processo de desenvolvimento. Como Bader Sawaia aponta, "os valores comunitários devem ser introduzidos como projeto individual para se transformar em ação" (Sawaia, 1996). A população é quem conhece a região e consegue identificar suas necessidades e propor caminhos de solução para se alcançar o bem-estar. Faz-se necessário ressaltar que as necessidades das populações não são homogêneas e por isso é importante a participação da população, não só na identificação da necessidade, como também na resolução do problema e na continuidade dos projetos de solução (Maciel, 1985 – Projeto Sinuelo / UNESCO e Sachs, 1986:115).

Uma segunda concepção de desenvolvimento que tem como foco a questão Ecológica é o Desenvolvimento Durável. Essa concepção foi a que conseguiu maior repercussão junto aos países desenvolvidos, assim como é a concepção com a mais vasta publicação acerca do assunto.

A maior divulgação do Desenvolvimento Durável ou Sustentável, se deu com a publicação do relatório organizado pela Comissão Mundial sobre o Meio Ambiente chamado de Nosso Futuro Comum (Brundtland, 1987/1991). O estudo publicado nesse relatório teve como objetivo analisar as questões referentes ao meio ambiente e o desenvolvimento e, a partir desse estudo, propor uma agenda global, para se realizar uma mudança, que poderia ser adotada tanto por países desenvolvidos quanto subdesenvolvidos. As propostas do relatório incluem uma mudança nos valores e nas estruturas políticas. (Comissão Mundial sobre Meio Ambiente e Desenvolvimento, 1991:30)

O Desenvolvimento Durável é uma concepção que busca uma integração entre os países no sentido de que revejam suas relações comerciais, pois a desigualdade existente entre os países pobres e os países ricos é fruto dessas relações, que precisam ser revistas com o objetivo de que, assim, possa ser possível conservar e preservar os recursos naturais. A proposta que foi feita aos países consiste em que os ricos diminuam o seu ritmo de produção e consumo e os pobres possam elevá-lo um pouco para que haja mais qualidade de vida e menos destruição.

No entanto, o Desenvolvimento Durável ou Sustentável, como

era de se esperar, colocou o peso de suas propostas e a responsabilidade pela degradação ambiental sobre os países pobres, uma vez que as únicas questões que estiveram em discussão foram as relativas a estes; em contrapartida, as questões relativas à diminuição da produção e do consumo dos países ricos foi sufocada e, mais uma vez, a voz dos países pobres foi silenciada; afinal quem detém o poder ouve apenas o que lhe é conveniente. Segundo François Houtart (Houtart, 1995), o relatório aponta os problemas que existem na relação entre os países desenvolvidos e os países subdesenvolvidos, e ainda, as conseqüências dessa relação para o ambiente e a sociedade, porém não questiona a lógica econômica que produz essa relação.

O grande lema do Desenvolvimento Sustentável é que se procure satisfazer as necessidades do presente sem com isso comprometer a satisfação das necessidades futuras. Como necessidades básicas a comissão que preparou o relatório acima citado entende a alimentação, o vestuário, a habitação e o emprego. (Brundtland, 1991:46) Tais necessidades não levam em consideração duas necessidades prementes nos países subdesenvolvidos que são a saúde e a educação. E a pergunta que ecoa entre os países subdesenvolvidos é como sair desse estado de subdesenvolvimento sem educação.

Podemos entender bem que esse relatório, oriundo de pensadores europeus, portanto do Norte, não tenha contemplado as necessidades que observamos em nosso país. É urgente que passemos a pensar com o olhar do Sul e não apenas a partir da dominância dos países do Norte. Esse olhar faz com que a educação seja para nós nervo central de um sistema que nos conduziria ao padrão digno de qualidade de vida necessário à sobrevivência e que seja adequado aos habitantes do mundo. Por isso, é preciso lembrar o que nos diz Dumazedier (1974), no sentido de que "o estudo da necessidade é inseparável dos critérios de desenvolvimento. É uma ilusão acreditar que as necessidades podem ser observadas. Elas são construídas em função de uma observação e um quadro de referência possível", e essa referência deve ser local.

Para Simmel, "toda cultura humana é fadada a desaparecer quando ela não encarna mais o espírito de onde ela nasceu" (Simmel, 1986).

Um projeto de Desenvolvimento Local deve por sua vez em primeiro lugar, respeitar as tradições culturais. Segundo Teissenrec (Teissenrec, 1995) a idéia de desenvolvimento local consiste em apreender o território na sua globalidade e a engajar a população num processo de transformação que a mobilize.

> "*Não haveria cultura nem história sem a criatividade, sem a curiosidade, sem a liberdade sendo exercida ou sem a liberdade pela qual, sendo negada, se luta. Não haveria cultura nem história sem risco, assumido ou não, quer dizer, risco de que o sujeito que o corre se acha mais ou menos consciente. Posso não saber agora que riscos corro, mas sei que, como presença no mundo, corro risco. É que o risco é um ingrediente necessário à mobilidade sem a qual não há cultura nem história*" (Freire, Paulo. 2000: p.30).

Se a degradação do meio é um resultado de um modelo econômico e práticas políticas, não se pode pensar a questão do Desenvolvimento exclusivamente em termos ecológicos. Deve-se concebê-lo, pois, em termos de relações sociais, nas quais a noção integral de Desenvolvimento Durável deve implicar o sujeito social. Dos modelos existentes do desenvolvimento, o Capitalismo foi particularmente prejudicial, de certa maneira, ao meio ambiente; por sua vez o Socialismo não deu conta das exigências ecológicas. Porém o modelo das classes populares e indígenas contém as reminiscências da harmonia homem-natureza, mas também carrega consigo o efeito devastador da luta pela sobrevivência em face à miséria. A proposta de uma cultura ecológica parte de uma relação sadia com a natureza, mas nem sempre inclui a dimensão das relações sociais. Traduzida no plano político, a perspectiva mais adequada é aquela do Ecodesenvolvimento alternativo e durável incluindo-se uma tríplice dimensão: ecológica, histórica e social.

Em 1984 Latouche já denunciava que o termo "subdesenvolvimento era uma nominação ocidental, uma máscara colocada na desculturização das sociedades do terceiro mundo" (Latouche, 1984: 49). Para ele, a incapacidade de solucionar as dificuldades é devida à destruição, pelo ocidente, da sua coerência interna. Partant (Partant, 1982) chama igualmente a atenção para a crise das ideologias que justificam o desenvolvimento. Segundo ele, no futuro, pode ocorrer o caos social generalizado, a decadência dos países industrializados, uma pauperização do que se chamou de Terceiro Mundo, ou o surgimento de novos tipos de desenvolvimento, pela evolução tecnológica-econômica das populações marginalizadas e culturalmente fortes, caso sejam capazes de se organizar.

Alguns estudiosos, como Petrella, chegam a defender a urgência de um contrato social mundial, calcado nas aspirações e necessidades dos 8 bilhões de seres humanos que, nos próximos vinte anos, habitarão o planeta (se persistir a atual tendência). Segundo este autor, é hora de reconhecer o direito de todo indivíduo ter acesso a uma renda sócio-vital, que lhe permita habitar, nutrir-se, vestir-se, instruir-se e se cuidar. Esse contrato social mundial deve ser fundamentado em duas categorias de ação: a adoção de novas regras no jogo econômico planetário, em um quadro legislativo aproprlado, e a elaboração de uma série de instrumentos e de medidas visando assegurar sua prática efetiva (Petrella, 1996).

As concepções de desenvolvimento anteriormente citadas possuem sua fonte original no Desenvolvimento Endógeno, onde autores como Cao Trí e Phan Nhu Hô se destacaram. Essa vertente do desenvolvimento recebeu grande ênfase nos trabalhos desenvolvidos pela UNESCO.

A principal questão destacada pelo Desenvolvimento Endógeno e que hoje, com a globalização, está mais atual do que nunca, é a vertente cultural. Na concepção do Desenvolvimento Endógeno os aspectos culturais possuem grande importância no processo de desenvolvimento; assim, o que é próprio da cultura local – seus valores, tradições, necessidades, recursos naturais e tecnológicos – é a base dos caminhos de desenvolvimento. Segundo Cao Trí, o Desenvolvimento Endógeno deve partir dos contextos reais das sociedades e das necessidades e aspirações destas, bem como considerar os recursos humanos, materiais, naturais e financeiros (Cao Trí, 1984:14).

Um outro aspecto de igual relevância diz respeito ao objetivo do desenvolvimento; para essa vertente o centro do desenvolvimento deve ser, não apenas econômico, mas humano. Toda organização social, produtiva e econômica existe em função do homem, para seu bem-estar e sua qualidade de vida.

Uma das maiores contribuições do desenvolvimento endógeno é a clareza com que ele coloca em questão o modelo econômico injusto vigente nas relações entre os países do Norte e os países do Sul. Esse aspecto é apontado e ressaltado nessa concepção de desenvolvimento, sem permitir que os países do Norte manipulem seu discurso como o fizeram com o Desenvolvimento Sustentável.

A valorização da cultura local é um aspecto fundamental no desenvolvimento. Segundo Cao Trí, "uma sociedade para se desenvolver deve começar por não deixar de ser ela mesma, pois se não existe mais sua raiz ela não se desenvolve" (Cao Trí, 1984). A valorização cultural possibilita que os recursos e tradições dessa sociedade se mantenham e sejam aproveitados.

Desse modo fica claro que a cultura é um dos fundamentos do desenvolvimento e o homem é o seu objetivo. Um ponto comum para todas essas concepções é o fato de que o desenvolvimento deve ocorrer num espaço local delimitado, mesmo havendo diretrizes gerais elas seriam pensadas e adequadas localmente. Desse modo a cultura e os recursos de cada local podem ser aproveitados e, mesmo, direcionar qual o caminho de desenvolvimento. Segundo Arocena, "o exterior deve se adaptar ao interior e o geral ao particular". (Arocena, 1986)

A concepção de Desenvolvimento Local tem como uma de suas questões principais a participação da população no processo de desenvolvimento, tanto no nível do planejamento quanto no nível da ação. No Brasil, a participação da população de maneira efetiva é um fator difícil e que deve ser construído conjuntamente com a localidade, isso porque a formação social não prepara cidadãos que se sintam integrantes desse processo; atribui-se a órgãos externos, no caso ao Estado, a responsabilidade, eximindo-se inclusive de cobrar ou acompanhar os feitos do mesmo. De modo que não basta possibilitar que a população participe, é necessário que haja um trabalho psicossocial junto a essas populações, para que sejam levadas à participação. Segundo Kóvacs, "a participação é ela mesma a melhor, e pode ser a única maneira de se levar em consideração a dimensão cultural do desenvolvimento" (Kovacs, 1984).

Em suma, as concepções de desenvolvimento acima referidas possuem muitos pontos comuns; isso se deve ao fato de uma ter-se derivado da outra e estabelecido um enfoque diferente. Assim, o Desenvolvimento Durável se inspirou no Ecodesenvolvimento, que por sua vez possui suas raízes no Desenvolvimento Endógeno. Os dois primeiros possuem um enfoque mais Ecológico, enquanto o último e o Desenvolvimento Local possuem um enfoque mais cultural. Todos eles constituem modelos alternativos que possuem paradigmas diferentes do modelo vigente. Na idéia-chave de desenvolvimento, atual, está o grande paradigma do humanismo ocidental, qual seja, aquele do desenvolvimento socioeconômico, alimentado pelo desenvolvimento científico-técnico.

Pensando em Edgar Morin (2000) é que podemos dizer que a crise ecológica é apenas um dos aspectos de uma crise muito maior, que é a crise da civilização. As concepções alternativas para o desenvolvimento basearam-se na insuficiência do paradigma economicista, em crise, incapaz de responder às necessidades da maioria da população mundial. A crise do desenvolvimento não é apenas a crise de um conceito, é uma crise antropossocial. A crise da ideologia dominante é a crise dos próprios fundamentos da sociedade.

Desde a década de 70, quando o paradigma econômico começou a ser questionado, a humanidade vem se dando conta do limite dessa perspectiva, que não tem sido capaz de, sozinha, alcançar o bem-estar humano. Amartya Sen aponta para o fato de que o desenvolvimento deve proporcionar um aumento das liberdades substanciais para que os indivíduos possam buscar o tipo de vida e o bem-estar que desejam (Sen, 2000:109). Para esse autor o principal meio e o principal fim do desenvolvimento é possibilitar a expansão da liberdade dos indivíduos para que estes possam encontrar melhores condições de vida (Sen, 2000:10). Assim, segundo ele, se eliminarmos as privações de liberdade, pois estas acabam por limitar as possibilidades de escolha e interferem na criação de oportunidades para as pessoas, de forma que possam ser agentes no processo social, estaremos dando condições para o desenvolvimento; ele nada mais é do que isto. Todos os indivíduos são agentes de transformação e possuem liberdade para agir sobre os fatores que não estão em acordo com uma vida digna e de qualidade. Entretanto, essa liberdade encontra-se limitada pelas oportunidades sociais, políticas e econômicas às quais cada indivíduo teve acesso.

Segundo Amartya Sen:

> *"Existe uma acentuada complementaridade entre a condição de agente individual e as disposições sociais: é importante o reconhecimento simultâneo da centralidade da liberdade individual. Para combater os problemas que enfrentamos, temos de considerar a liberdade individual um comprometimento social"* (Sen, A. 2000:10).

E acrescenta: "As liberdades sociais, políticas e econômicas estão estreitamente relacionadas entre si e influenciam no aumento ou diminuição das liberdades substanciais e conseqüentemente no desenvolvimento" (Sen, 2000:23). Desse modo, os índices de desenvolvimento passam a incluir, além do PNB, outros fatores como disposições sociais e econômicas – e entre estas encontram-se a educação e a saúde – e os direitos civis. Assim, segundo Sen, "o desenvolvimento requer que se removam as principais fontes de privação de liberdade: pobreza e tirania, carência de oportunidades econômicas e destituição social sistemática, negligência dos serviços públicos e intolerância ou interferência excessiva de estados repressivos" (Sen, 2000:18). O que esse autor traz como contribuição é um novo enfoque sobre o objetivo do desenvolvimento, que passa a ser o aumento das diferentes liberdades, e com isso ele modifica o foco do desenvolvimento, que passa do econômico/ecológico para o humano.

Analisando essas diferentes propostas de desenvolvimento conclui-se que a humanidade necessita de novos caminhos que posbilitem a sustentabilidade do ser, e que a sustentabilidade ecológica e econômica deve proporcionar a sustentabilidade do ser humano, colocando o homem como objetivo do desenvolvimento.

As Ciências Humanas, em especial a Psicologia, enquadraram o homem nos pressupostos científicos positivistas e com isso ele passou a ser olhado apenas como um objeto de estudo, um objeto segmentado que possuía pensamento, emoção, cognição e que se comportava socialmente. Esse olhar sobre o homem começou a perder sua força e um novo paradigma começa a surgir, onde o homem não mais é visto de forma segmentada, mas procura-se integrá-lo ao ambiente e suas variações, procurando vê-lo e estudá-lo em seu meio de forma mais integral (Soczka, 1993:385).

A relação entre o homem e o seu meio, as influências recíprocas, a dinâmica cultural, a relação com o meio ambiente, todos esses fatores são objetos de estudo da Psicologia Social. Assim, as ideologias que perpassam as concepções de desenvolvimento estão em estreita relação com o homem e seu modo de vida.

Alguns dos valores fundamentais do modo de vida do homem ocidental são a dignidade humana e a liberdade. No entanto, a pobreza faz com que a ideologia Humanista, que prega a dignidade humana e a liberdade para todos, se restrinja a um número reduzido de pessoas que possuem uma renda adequada para usufruir desses conceitos tão caros à sociedade ocidental.

Sen (2000) analisa a pobreza como privação das capacidades do indivíduo de ter liberdade para levar o tipo de vida que deseja, ou seja, a privação de coisas que são importantes para o sujeito enquanto subjetividade. Porém, faz-se necessário, ainda, que a Psicologia venha a contribuir para a compreensão da construção social desses valores priorizados pelos diferentes grupos sociais. O autor ressalta a importância da educação básica e da saúde como meios para aumentar a capacidade dos indivíduos, para que estes tenham uma maior chance de elevar sua renda (Sen, 2000:109).

Entretanto, sabemos que a pobreza é um fenômeno social e estrutural, fruto de um tipo de relação econômica e social privada de preocupação com a existência e com a vida. O processo de urbanização iniciado com a Revolução Industrial levou os indivíduos a se fecharem diante do outro, o que permite que essas relações desiguais possam ocorrer sem culpa e sem responsabilidades. Acredito que somente uma nova forma de olhar o humano, reconhecendo nele a nossa própria humanidade, é que nos possibilitará, através de uma solidariedade ética, olhar para a pobreza como um elemento que impossibilita o homem de viver dignamente e exercer sua liberdade de escolha.

REFERÊNCIAS BIBLIOGRÁFICAS

AROCENA, J. *Le développement par l´ initiative locale. Le cas français.* Paris: L´Harmattan, 1986.

BARTOLI, Henri. *Répenser le Développement. En finir avec la pauvrété.* Paris: UNESCO/Economica, 1999.

BRUNDTLAND, G. H. "Comissão Mundial sobre o Meio Ambiente e Desenvolvimento." *In: Nosso Futuro Comum.* 2ª edição. Rio de Janeiro: Editora da Fundação Getúlio Vargas, 1991.

CASTRO, Josué de. *Geografia da Fome.* Rio de Janeiro: Editora O Cruzeiro, 1946. Última Edição - Rio de Janeiro: Gryphus, 1992. Prêmio José Veríssimo da Academia Brasileira de Letras.

CAO TRÍ, H. *Stratégies du développement Endogène.* Paris: UNESCO, 1984.

DUMAZEDIER, J. *Sociologie empirique du loisir.* Paris: Seuil, 1974.

FREIRE, Paulo. *Pedagogia do Oprimido.* Rio de Janeiro: Paz e Terra, 1987.

FURTADO, Celso. *O Longo Amanhecer.* Rio de Janeiro: Ed. Paz e Terra, 2000.

GOLDSMITH, Edward; MANDER, Jerry. *Le Procès de la Mondialization.* Traduit de l'anglais par Thierry Piélat. Librairie Arthème Fayard, 2001.

HOUTART, F. "Développement, environnement e rapports sociaux". *In: Alternatives Sud, quel Développement Durable pour le Sud?* Paris: Ed. Harmattan, Vol II, 1995.

KÓVACS, M. *La dimension culturelle du développement.* Paris: editions UNESCO, 1994.

LANE, Silvia. *O que é psicologia social.* São Paulo: Editora Brasiliense, 1980.

LATOUCHE, S. Déculturation ou sous-développement. *Revue Tiers-Monde*, XXV, nº 97, 1984, pp. 49-58.

MACIEL, T. "Concepções e representações sociais da Ecologia e do Meio Ambiente em diferentes áreas da comunidade científica da UFRJ". *In*: VASCONCELOS, N. (Org.) *Comunidade, meio ambiente e qualidade de vida.* Rio de Janeiro: ANPEPP, setembro/1996, Vol. 1, nº 3.

________. "Paradigmas e desafios da Ecologia Social: aplicações das teorias e das práticas de um projeto de desenvolvimento local". *In*: CAMPOS, R.H. de F.; GUARESHI, P. (Orgs.) *Paradigmas em Psicologia Social.* Petrópolis: Vozes, 2000.

MORIN, Edgar; KERN, Anne Brigitte. *Terra Pátria.* Tradução de Paulo Neves. Porto Alegre: Sulina, 2000.

MOSCOVICI, S. *De la nature. Pour penser l'écologie.* Paris: Éditions Métailié, 2002.

PARTANT, F. *La fin du développement. Naissance d'une alternative.* Paris: Editions Maspéro, 1982.

PECQUEUR, B. *Le développement local. Pour une économie des territoires.* 2d Éditon. rev. et aug. Paris: Éditions La Découverte & Syros, 2000.

PETRELLA, R. *Le Bien Commun: L'âge de la solidarité.* Bruxelles: Labor, 1996.

RIST, Gilbert. *Le développment: histoire d'une croyance occidentale.* Paris: Sciences Po, 1996.

SACHS, I. *Ecodesenvolvimento, crescer sem destruir.* São Paulo: Ed. Vértice, 1986.

SANTOS, M. *Por uma outra globalização.* São Paulo: Record, 2000.

SAWAIA, B. *In*: CAMPOS, Regina H. de Freitas. *Psicologia social comunitária.* Rio de Janeiro: Editora Vozes, 1998.

SEN, A. *Desenvolvimento como liberdade.* São Paulo: Companhia das Letras, 2000.

SIMMEL, Georg. *Sociologie. Études sur les formes de la socialization.* Presses Universitaires de France, 1999.

TEISSERENC, P. *Les politiques de développement local. Approche sociologique.* Paris: Economica, 1994.

O CONCEITO DE CULTURA E A METODOLOGIA ETNOGRÁFICA: FUNDAMENTOS PARA UMA PSICOLOGIA CULTURAL

Cecilia de Mello e Souza

O conceito de cultura, historicamente central para a antropologia, possui uma longa trajetória de reformulações conectadas com as rupturas e novas orientações teóricas e metodológicas nesta área do saber[1]. Recentemente, tal conceito ultrapassou essas fronteiras disciplinares para se constituir em campo de investigação interdisciplinar com nome próprio: estudos culturais[2]. Apesar de sua relevância evidente para a

[1] Kroeber e Kluckhohn (1963) coletaram 157 definições de cultura no seu estudo clássico de análise de conteúdo finalizado no início dos anos 50. Vide também R. Laraia (1986).

[2] Este movimento teve início nos anos sessenta com os trabalhos de Lévy-Strauss e Roland Barthes na França e de Raymond Williams e Richard Hoggart no Reino Unido e a fundação do Centro de Estudos Culturais Contemporâneos na Universidade de Birmingham, em 1964 (L. Grossberg, 1992; Hall, 1997). O antropólogo Otávio Velho aponta como o interesse crescente pelos estudos culturais no exterior está relacionado à relativa decadência da antropologia no âmbito internacional. No Brasil, a antropologia se encontra em fase de grande visibilidade pública e sucesso e, portanto, como referência importante para se trabalhar com o conceito de cultura. (Mesa-Redonda: "A Antropologia Brasileira Face ao Pensamento Contemporâneo", XXI Reunião da Associação Brasileira de Antropologia, Vitória, 1998). Entre a produção extensa dos estudos culturais, vide por exemplo: Grossberg, L. *et al* (1990); J.C. Alexander e S. Seidman (1990); e J. Clifford (1988).

psicologia social, o conceito de cultura tem despertado pouco interesse de psicólogos[3], que têm privilegiado a teoria das representações sociais.

Na verdade, a psicologia e a antropologia no Brasil, apesar de compartilharem questões sobre a natureza humana, tomaram rumos diferentes onde existe muito pouca interlocução. Esta se dá mais na América do Norte, onde a antropologia psicológica se constitui em subdisciplina da antropologia desde os trabalhos de Margaret Mead e Ruth Benedict e a psicologia transcultural faz o mesmo papel na psicologia. A contribuição deste texto é no sentido de iniciar este diálogo interdisciplinar, procurando identificar no conceito de cultura e no método etnográfico possibilidades de arejamento para a psicologia.

Este texto pretende, em primeiro lugar, apontar para a centralidade do conceito de cultura para a análise psicossocial, tendo em vista seu papel constitutivo de todos os aspectos da vida social. Procura-se explicitar o poder analítico e explanatório do modelo cultural para a psicologia social em particular, através da sua possibilidade de articular sistemas de significados inter-relacionados e de construir e regular instituições, relações sociais, emoções, ações e práticas sociais. Assim, privilegiam-se as abordagens dinâmicas de antropólogos, como, por exemplo, Michel de Certeau, Roy de Andrade, Richard Shweder e Clifford Geertz, que integram no conceito de cultura a relação entre seus diversos elementos. Tais abordagens consideram várias dimensões ou funções do significado, que apresentam elaborações diferenciadas em sistemas culturais específicos. A proposta é de ir além da tendência atual, que com algumas exceções se limita às funções representacionais do significado.

[3] Existem algumas exceções, como se constata nos trabalhos de M. I. D'Avila Neto (1994), T. Maciel e M.I. D'Avila Neto (1994) e L. Rabello (1998), entre outros.

Em segundo lugar, apontam-se algumas implicações para os fundamentos teóricos mais básicos da psicologia, ao se privilegiar a cultura enquanto perspectiva teórica. Aqui a nossa crítica não diz respeito à vertente da psicologia social que já rompeu com as concepções universalizantes da psicologia *mainstream*. O objetivo é pensar nesta mudança de paradigma denominada por S. Hall (1997) como "virada cultural", que permeia as ciências sociais e humanas, como uma possibilidade para a psicologia dominante. A cultura deixaria de ocupar o lugar de variável dependente e passaria para o centro. O modelo cultural remete ao contexto, às particularidades e diferenças que não cabem nas abstrações universalistas da psicologia geral, questionando-as. As reformulações propostas constituem um novo campo denominado por Richard Shweder como psicologia cultural — uma subdisciplina distinta da psicologia transcultural, da antropologia psicológica e da psicologia geral, colocando em questão suas suposições elementares.

Em terceiro lugar, analisam-se as implicações metodológicas de uma psicologia cultural. A metodologia antropológica da pesquisa de campo etnográfica possibilita uma postura privilegiada para a coleta de dados, a descrição e a explicação. Destaca-se o papel central da linguagem no registro etnográfico e da técnica de observação participante como contribuições valiosas. A primeira representa uma porta direta para a cultura como sistema de saber; a segunda para a cultura como práticas e ações.

O Conceito de Cultura

Roy D'Andrade (1984) identifica três perspectivas dominantes na antropologia sobre a natureza da cultura. A primeira é a noção da cultura como conhecimento, como acúmulo de informação[4]. Nesta visão a cultura não é altamente integrada.

Na segunda perspectiva, a cultura consiste em estruturas conceituais que criam a realidade primária de um grupo de pessoas de modo que elas "habitam o mundo que imaginam" (C. Geertz, 1983). A cultura é compartilhada de forma intersubjetiva.

A terceira perspectiva se encontra entre as primeiras duas. Cultura e sociedade são tratadas como quase a mesma coisa, como sistemas. Para D'Andrade todas as três tratam de sistemas culturais de significados onde a diferença se encontra na predominância dada às diversas funções do significado.

Neste texto vamos definir cultura como "sistemas de significados aprendidos, comunicados através da linguagem e outros sistemas simbólicos, que possuem funções representativas, diretivas e afetivas, capazes de criar entidades culturais e sentidos da realidade particulares" (R. D'Andrade, 1984). Usamos o termo sistemas de significados e sentidos no lugar do mais convencional sistema simbólico, para dar ênfase à organização dos significados, distinguir entre sentidos internos e signos externos e evitar a ambigüidade. Entendemos por sistemas de sentidos e significados, estruturas e processos mentais. Tais sistemas são flexíveis, modificáveis e reflexivos (R. D'Andrade, 1984). Vale destacar quatro propriedades sobre a cultura: sua natureza coletiva, organizada, múltipla e variável.

Em primeiro lugar, a natureza coletiva da cultura implica em que haja um consenso entre os sentidos e significados entre os membros de uma comunidade interativa, independente da variação de condutas e atitudes (LeVine, 1984). Tal consenso não

---

[4] Vide Geohegan, 1971; Casson, 1981. Quinn (1975) faz uma revisão crítica destes modelos.

requer que haja um local fixo em indivíduos e instituições. O papel do etnógrafo é descobrir em que formas de ação simbólica residem tais significados compartilhados que dão sentido à vida numa determinada comunidade (Geertz, 1973).

Em segundo lugar, os elementos que formam o que denominamos de cultura – crenças, valores, normas, ou ações sociais – são interligados e compreensíveis somente a partir de uma organização maior. A conexão e coerência entre tais elementos é uma característica básica para os antropólogos, apesar de haver controvérsias sobre o grau e tipo de coerência (LeVine, 1984). A metáfora proposta por C. Geertz (1973) da cultura como uma teia de significados resume tal propriedade.

Em terceiro lugar, existem vários níveis de manifestação cultural. Os elementos culturais mais explícitos são as regras, crenças e rótulos que são prontamente apresentados e explicados ao etnógrafo. Existem também regularidades da ação que não são tão facilmente apontadas e justificadas, pois se configuram para o pesquisado como respostas evidentes. Muitos etnógrafos concluem que aquilo que é mais difícil de ser verbalizado, apontado e justificado, freqüentemente é mais importante, essencial para a organização cultural. Como uma organização de significados compartilhados, alguns significados são mais evidentes que outros. Além disso, esta multiplexidade da cultura também se refere à integração de elementos racionais e não-racionais em formas simbólicas tais como ideologias. Há uma combinação, como bem nos mostra Geertz (1973), entre os "modelos da realidade" (afirmações descritivas sobre o que existe) e os "modelos para a realidade" (afirmações normativas sobre o que deveria existir). Alguns exemplos onde tal combinação é mais evidente incluem modelos de criação de filhos e movimentos sociais e políticos. Esta combinação do que existe e do que deveria existir numa única visão confere às ideologias culturais um poder psicológico significativo, através da forte ligação entre emoção e motivação em um nível individual (LeVine, 1984).

Em quarto lugar, há um consenso forte entre antropólogos sobre as variações entre os padrões organizacionais de grupos sociais. Isso é cada vez mais evidente com o acúmulo de documentação etnográfica. No entanto, as linhas teóricas que pretendem dar conta de tamanha variação encontram em um extremo os reducionistas (marxistas, economistas neoclássicos, materialistas culturais, freudianos ortodoxos e sociobiólogos), que pressupõem uniformidades de estrutura e conteúdo na natureza humana, e no outro extremo, fenomenólogos culturais e etnógrafos pós-modernos, que enfatizam a singularidade de cada cultura a partir de sua trajetória histórica e particular arranjo de significados. No meio, muitos teóricos comprometidos com a etnografia e a comparação onde novas formulações teóricas surgem a partir de novos dados e onde não existe uma postura teórica a priori sobre a variação cultural que venha a enquadrar os dados existentes e futuros (LeVine, 1984).

Uma vez que o conceito de cultura já foi explicitado, cabe demonstrar sua centralidade para a análise psicossocial. A cultura, entendida como sistemas de significados articulados, tem um alcance maior que a representação de fatos e a criação de entidades. Sistemas de significados culturais atuam no sentido de representar o mundo, criar entidades culturais, dirigir a ação individual e evocar sentimentos. Estas quatro funções: a representativa, a construtiva, a diretiva e a evocativa estão presentes, com graus variados de elaboração, em qualquer sistema (D'Andrade, 1984) e são inter-relacionadas. A nossa ênfase costuma ser nas funções representativas, onde a cultura consiste no conhecimento sobre o mundo e crenças. No entanto, entidades culturais como a família não se constroem somente a partir de representações. A adesão a um sistema de significados não implica na conformidade às regras de forma automática e involuntária. Vários elementos do sistema de significados têm força diretiva, através da experiência individual de necessidades ou obrigações. A força diretiva das regras culturais tem origem no desejo generalizado do indivíduo de conformar. A evidência empírica indica que o controle social primário raramente se constitui primordialmente de motivadores externos (como sanções e pressões sociais). Ao contrário, as metas, ideais e aspirações culturalmente prescritos são intrinsecamente gratificantes (Spiro, 1961).

D'Andrade aponta dois sistemas motivacionais intrínsecos aos sistemas de significados: a gratificação pessoal que é relativamente direta e a segunda é a gratificação devida ao apego a um conjunto de valores. De modo geral, as funções diretivas dos sistemas de significados são superdeterminadas contando com sanções sociais, pressão para a conformidade, gratificação intrínseca direta e valores, que atuam de forma integrada. Assim, os sistemas de significados orientam a ação e a reação no nível individual, organizando e coordenando tais respostas no nível grupal.

A construção da estrutura social e de outras entidades culturais é também um aspecto da organização da cultura. Através dos sentidos e significados compartilhados, obtém-se uma determinada sistematicidade da configuração de direitos e deveres na hierarquia social e, como conseqüência, a padronização e regulação das relações sociais e a formação de instituições.

Idéias, sentimentos e intenções são ativados por símbolos e assim fazem parte do sistema cultural. A relação entre afeto e significado é evidente de diversas formas. Primeiro, os seres humanos parecem ter uma resposta afetiva para praticamente qualquer estímulo. Segundo, algumas formas simbólicas claramente provocam reações afetivas fortes. Por último, a linguagem inclui uma variedade de formas expressivas e evocativas. Desse modo, a dimensão emocional do significado não pode ser desprezada, estando intimamente vinculada às outras quatro dimensões. Freqüentemente, a função evocativa se mistura com a diretiva. A desvalorização dos aspectos afetivos se dá em decorrência do nosso pressuposto de que a razão e a emoção se encontram em conflito e que a emoção advém de nosso lado mais animal (R. D'Andrade, 1984). Tal desvalorização leva à nossa ênfase nos aspectos representacionais (R. Shweder, 1984). No entanto, é importante ressaltar que tanto a razão quanto a emoção nos informam sobre o mundo. Toda prática social, e reação emocional, depende, sofre influência, é moldada e regulada pelo significado. Desse modo podemos afirmar que a cultura, como sistema de significados, envolve toda a psique humana (R. D'Andrade, 1984).

Implicações para os Fundamentos Teóricos da Psicologia

A antropologia é a mais artesanal e a mais ambiciosa entre as ciências sociais, pois se encarrega de submeter conceitos preestabelecidos à experiência de contextos diferentes e particulares. O antropólogo disseca, examina e avalia a adequação desses conceitos, testando as generalizações freqüentemente etnocêntricas de outras disciplinas através de estudos de caso baseados em pesquisa de campo etnográfica (Peirano, 1995). Assim, tem como seu objetivo mais amplo a busca de uma visão alternativa da universalidade dos conceitos sociológicos e, em menor grau, psicológicos.

Quando as pessoas vivem no mundo de formas diferentes, pode ser que vivam em mundos diferentes. Tais mundos se constroem a partir de premissas imaginárias potentes com sua lógica própria – a cultura. Ao privilegiar a compreensão da visão de mundo do pesquisado, a antropologia separa e contrasta os conceitos do pesquisador (denominados de *etic*) com os conceitos dos pesquisados (denominados de *emic*). A sua concepção de humanidade é construída pelas diferenças a partir da procura incessante do diálogo com o outro (Peirano, 1995).

A questão primordial que a antropologia apresenta para a psicologia é um questionamento de um de seus pressupostos mais básicos: a universalidade dos processos psíquicos. Ao buscar a diferença, a antropologia contrapõe tal universalidade com a diversidade cultural, caminhando em duas direções: descreve a especificidade do caso concreto e procura detectar e explicar o caráter universalista da sua manifestação.

Assim sendo, nos apresenta questões importantes: que inferências podemos fazer sobre a natureza humana a partir da diversidade das concepções da natureza? Que justificativas existem para as nossas concepções da realidade tendo em vista essa diversidade?

Além de suas pretensões ao universalismo, a psicologia (em suas tendências dominantes) aborda uma natureza humana abstrata, despersonalizada, invariável, indiferente à cultura, à sociedade, ao contexto e ao significado. O conceito de cultura, com seus mundos intencionais construídos a partir de particularidades concretas, desafia as premissas da unidade psíquica humana, do mecanismo abstrato universal de processamento, da divisão entre tal mecanismo e seus produtos (R. Shweder, 1984).

Numa tentativa de articular o modelo cultural com a psicologia, Richard Shweder propõe o campo da psicologia cultural como uma ciência humana interdisciplinar distinta da antropologia psicológica e da psicologia transcultural. A psicologia cultural se ocupa do *"estudo da forma que tradições culturais e práticas sociais regulam, expressam, e transformam a psique humana, resultando menos na unidade psíquica do que na diversidade étnica da mente, do self e da emoção. A psicologia cultural é o estudo das formas em que sujeito e objeto, o self e o outro, psique e cultura, pessoa e contexto, figura e fundo, agente e ação, convivem, requerem o outro e dinamicamente, dialeticamente e conjuntamente configuram o outro* (R. Shweder, 1984:73).

Suas premissas mais básicas dizem respeito à incerteza existencial humana (ou seja, a busca do sentido e do significado) e à concepção intencional de mundos constituídos. Isso significa que nem os antropólogos podem pensar em contextos socioculturais sem levar em conta a forma pela qual os seres humanos criam e se apropriam dos significados a partir dele e nem tampouco os psicólogos podem considerar a subjetividade sem o processo de criar, usar e se apropriar de significados provenientes de um contexto sociocultural, isto é, de um mundo intencional.

O mundo intencional é o mundo de pessoas intencionadas que respondem e dirigem suas ações a seus próprios objetos mentais, se transformando e sendo transformados a partir de suas particularidades concretas. Seu caráter intencional advém de sua existência real, factual e poderosa na medida em que existe uma comunidade de indivíduos que se dirige a tal mundo e portanto, sujeitos a sua influência. A psique se refere à pessoa intencional; a cultura ao mundo intencional onde os dois são interdependentes e dialeticamente constituídos e reconstituídos (R. Shweder, 1984).

O princípio dos mundos intencionais nega a realidade social Durkheimiana em que o fato social tem existência independente; as realidades são o produto da forma como o mundo é representado, implementado, incorporado. Assim, a psicologia cultural une aquilo que a psicologia geral se esforça tanto para separar: estruturas psicológicas intrínsecas e os processos extrínsecos das condições ambientais. As manifestações culturais "escondem" o mecanismo intrínseco de processamento central da mente humana e suas leis operacionais. A mente na psicologia cultural não pode ser separada dos mundos intencionais e seus conteúdos, estímulos e domínios que constituem tanto os seus produtos quanto seus componentes. Seu objetivo é compreender a organização e o poder evocativo dos mundos intencionais, e estudar suas variações principais. Resumindo, "é a psicologia plural, variável, de um domínio específico...de mundos intencionais" (R. Shweder, 1984:91).

Implicações Metodológicas de uma Psicologia Cultural

A psicologia social tem privilegiado a dimensão representacional da cultura. Conseqüentemente, tem enfocado o discurso, os conteúdos verbalizados e estes são coletados através de entrevistas – espaços e tempos bem delimitados de coleta dos significados resultantes e atribuídos por um determinado grupo a seu mundo intencional. As práticas sociais e a ação individual são estudadas a partir do discurso e do relato desse comportamento. Dessa forma, as dimensões evocativas, diretivas e construtivas da cultura, que podem até ser reconhecidas em um nível teórico (mas geralmente não o são), não são de fato consideradas e analisadas nas pesquisas psicossociológicas.

Trabalhando com o conceito de cultura, fica evidente que o desenho da teia de significados de C. Geertz (1973) só emerge a partir da imersão nela, onde tanto o olhar quanto a escuta do etnógrafo não restringe seu espaço nem seu tempo de atuação. A pesquisa de campo etnográfica prima pelo "estar lá", pela observação participante, seu método principal. Como podemos conhecer a interligação entre as representações, os processos, as transformações, as apropriações, as ações e práticas se não estamos lá, no laboratório vivo, para estudá-las? A observação de campo é necessária para compreender o que um pesquisado nos diz; também é sempre essencial para a compreensão daquilo que os pesquisados não conseguem explicar (D'Andrade, 1984) e para se descreverem as práticas e ações – os elementos menos estudados pelos psicólogos. Além disso, a observação participante permite traçar a relação entre o discurso (em três níveis: sobre o vivido, o normativo e o ideal) e as práticas e condutas do cotidiano.

A manhã de trabalho no campo é seguida pela tarde de registro no diário de campo, instrumento que permite documentar o processo de produção do conhecimento, dos significados que o pesquisador constrói do pesquisado através de descrições detalhadas sobre os mundos intencionais vividos. A natureza da relação pesquisador-pesquisado é portanto essencial. Trata-se de uma postura diferenciada mais que de uma técnica distinta. Em primeiro lugar, é a experiência da alteridade, o confronto com o "outro", com suas semelhanças e diferenças, os processos de estranhamento e identificação, que emoldura o "fazer antropológico". Em segundo lugar, trabalha-se com os indivíduos e seus sistemas de significados individuais como forma de se alcançarem os sistemas de significados gerais e os processos pelos quais um atua e é transformado pelo outro.

A noção de laboratório vivo se estende para todo o campo, todas as técnicas. Fazem-se entrevistas, mas sem a constante preocupação de encapsulá-las em formatos predefinidos. Qualquer interação cumpre esse papel. Assim, as entrevistas podem ser informais, improvisadas, inseridas na observação participante e devidamente registradas; ou então agendadas previamente, com roteiro semi-estruturado, onde se procura aprofundar determinadas questões. O discurso dos diversos atores sociais do grupo estudado é comparado em todos os seus níveis e ainda contrastado com os dados da observação participante, procurando fazer a triangulação dos dados como forma de checar sua veracidade e de compreender a configuração das realidades e perspectivas individuais em suas diversas facetas e múltiplas vozes. Dessa forma, o processo de pesquisa é circular, onde cada nova experiência no campo e os dados resultantes servem para orientar e aprimorar as etapas, técnicas e questões subseqüentes.

A entrevista freqüentemente assume um caráter experimental. O uso de operações experimentais possibilita a testagem de hipóteses sobre sistemas de significados (D'Andrade, 1984). As possibilidades são de apresentar um objeto, criar um evento ou apresentar a representação de algum objeto ou evento e observar a reação do informante (o que diz, faz, reage emocionalmente ou a rapidez da resposta). O formato mais comum é a pergunta e resposta, em numerosos pequenos experimentos informais ao longo do tempo, não reconhecidos como tais pelos antropólogos. Possibilita a investigação daquilo que raramente seria observável e de separar condições misturadas. A dificuldade principal para a experimentação na pesquisa etnográfica é o desenvolvimento de condições interpessoais adequadas entre pesquisador e informante para a expressão verbal. Daí a importância do *rapport*, pré-requisito básico para um trabalho de campo bem-sucedido.

Por fim, é importante destacar a atenção especial dada à linguagem, uma porta de entrada larga e alta para os sistemas de significados. A linguagem é o sistema simbólico primordial para o estudante dos significados. Cabe atentar para como ela é usada para classificar e diagramar os mundos intencionais, com interesse particular nas relações e no contraste entre as palavras e seus significados. Assim, a linguagem é objeto de indagação, de registro sistemático e fiel, e de assimilação pelo pesquisador para uso no trabalho de campo.

Concluindo, procuramos demonstrar algumas contribuições da antropologia para a psicologia. Neste sentido, privilegiamos o conceito de cultura como modelo que integra elementos ainda díspares na psicologia social e procuramos apontar como tal conceito, junto com o método etnográfico, apresenta um potencial inovador para a psicologia, com possibilidades de resolução de alguns impasses nesse campo. O campo da psicologia cultural, conforme delineado por Shweder, é uma proposta verdadeiramente interdisciplinar, onde limitações de ambas as disciplinas são desafiadas e ultrapassadas, uma a partir da outra.

REFERÊNCIAS BIBLIOGRÁFICAS

ALEXANDER, J.C.; SEIDMAN, S. (Eds.) *Culture and Society: Contemporary Debates.* Cambridge: Cambridge University Press, 1990.

CASAL, A.Y. *Para uma Epistemologia do Discurso e da Prática Antropológica.* Lisboa: Edições Cosmos, 1996.

CASSON, R.W. *Language, Culture, and Cognition.* Nova Iorque: Macmillan, 1981.

CERTEAU, M. de. *A Cultura no Plural.* Campinas: Papirus, 1995.

CLIFFORD, J. *The Predicament of Culture: Twentieth Century Ethnography, Literature, and Art.* Cambridge: Harvard University Press, 1988.

D'ANDRADE, R. "Cultural meaning systems". *In:* SHWEDER, R.; LEVINE, R. A. (Orgs.) *Culture Theory: Essays on Mind, Self and Emotion.* Cambridge: Cambridge University Press, 1984.

D'AVILA, M.I. "Mulheres, Cultura e Desenvolvimento". *In:* D'AVILA NETO, M. I. (Org.) *Desenvolvimento Social: Desafios e Estratégias.* Rio de Janeiro: UFRJ/EICOS, 1995.

GEERTZ, C. *The Interpretation of Cultures.* Nova Iorque: Basic Books, 1973.

_______ *Local Knowledge.* Nova Iorque: Basic Books, 1983.

GEOHAGEN, W. "Information processing systems in culture". *In:* KAY, Paul. (Org.) *Explorations in Mathematical Anthropology*. Cambridge, Mass.: MIT Press, 1971.

GOLDBERGER, N.R.; VEROFF, J.B. (Eds.) *The Culture and Psychology Reader.* Nova Iorque: New York University Press, 1990.

GROSSBERG, L.; NELSON, C.; TREICHER, P. (Orgs.) *Cultural Studies*. Nova Iorque: Routledge, 1992.

KROEBER, A.; KLUCKHOHN, C. *Culture: A Critical Review of Concepts and Definitions.* Cambridge, Mass.: Harvard University Press, 1963.

LARAIA, R. *Cultura: Um Conceito Antropológico.* Rio de Janeiro: Jorge Zahar Editor, 1986.

LEVINE, R.A. "Properties of culture: An ethnographic view". *In:* SHWEDER, R.; LEVINE, R.A. (Orgs.) *Culture Theory: Essays on Mind, Self and Emotion.* Cambridge: Cambridge University Press, 1984.

MACIEL, T. B.; D'AVILA, M. I. "Comunidades e Participação: Desafios para a Pesquisa e Ação. O Caso Pantanal." *In:* D'AVILA, M. I. (Org.) *Desenvolvimento social: Desafios e Estratégias.* Rio de Janeiro: UFRJ/EICOS, 1994.

PEIRANO, M. *Uma Antropologia no Plural: Três Experiências Contemporâneas*. Brasília, D.F.: Editora Universidade de Brasília, 1992.

__________ *A Favor da Etnografia*. Rio de Janeiro: Relume-Dumará, 1995.

QUINN, N. Decision model of social structure. *American Ethologist.* 2:19-45, 1975.

RABELLO, Lucia. (Org.) *Infância e Adolescência na Cultura do Consumo*. Rio de Janeiro: Nau Ed., 1998.

SHWEDER, R. "Anthropology's romantic rebellion against the enlightenment; or, there's more to thinking than reason and evidence". *In:* SHWEDER, R.; LEVINE, R.A. (Orgs.) *Culture Theory: Essays on Mind, Self and Emotion.* Cambridge: Cambridge University Press, 1984.

___________ *Thinking Through Cultures: Expeditions in Cultural Psychology.* Cambridge: Harvard University Press, 1991.

SHWEDER, R.; LEVINE, R.A. (Orgs.) *Culture Theory: Essays on Mind, Self and Emotion.* Cambridge: Cambridge University Press, 1984.

SPIRO, M. E. "Social systems, personality, and functional analysis". *In:* KAPLAN, B. (Org.) *Studying Personality Cross-Culturally.* Evanston, Illinois: Row, Peterson, 1961.

Segunda Parte

GÊNERO, ESTUDOS DE MULHERES E DESENVOLVIMENTO

DIFERENÇA SEXUAL, IGUALDADE DE GÊNERO: AINDA UM DEBATE CONTEMPORÂNEO

Ana Maria Szapiro

Este artigo analisa a problemática da diferença sexual, tomando como referência a discussão sobre a igualdade entre os gêneros tal como tem se colocado nas sociedades contemporâneas.

A diferença sexual tornou-se, no século XX, uma questão chave para o indivíduo contemporâneo, constituindo-se num ponto de inflexão sobre sua identidade e isto numa dimensão absolutamente nova, quando comparada às inúmeras incursões sobre o tema da sexualidade na era vitoriana. Foi no século XX que surgiu, com o conceito de gênero, uma tentativa de introduzir uma natureza de construção social ao problema das identidades, autorizando, desta forma, uma nova abordagem: os estudos sobre "identidades de gênero". Todo este novo campo dos estudos trazia como hipótese a idéia de que a construção das identidades de gênero é socialmente, e não biologicamente determinada, como claramente defendeu Bourdieu, quando escreveu "A Dominação Masculina"(1999).

A quase totalidade do discurso feminista que predominou na segunda década deste último século refletiu também essa concepção, principalmente a partir dos anos sessenta e setenta. Através da expressão "identidades de gênero", a discussão sobre a diferença fundava-se em uma concepção não "naturalizada" do problema da diferença sexual, de modo a destituir o real da anatomia dos corpos de fator determinante desta diferença e reivindicando a construção social de uma igualdade entre homens e mulheres.

Analisando os papéis sociais de homem e mulher, o discurso feminista buscava apontar para o caráter arbitrário da construção das identidades de gênero, argumentando sobre a diversidade dos valores atribuídos à diferença, uma vez que, e todos concordamos sobre este ponto, cada cultura suporta e significa de modo singular a diferença entre os sexos. Entretanto, se, como lembra Héritier (1985), esta elaboração do conceito de gênero não traz em si mesma nenhuma originalidade – visto que a Antropologia tem demonstrado exaustivamente que a distinção entre sexo e gênero não é exclusiva das nossas sociedades – vamos encontrar a originalidade dessa formulação em outro lugar que nos conduz ao centro do paradoxo contemporâneo.

Nossas sociedades, ao mesmo tempo em que afirmam a determinação social do gênero, colocam também esta questão como assunto da esfera individual. Se todo o esforço das teorias sobre gênero se dá, de fato, no sentido de considerar que os lugares de gênero são socialmente determinados, esforçam-se também por afirmar que estes lugares podem ser objeto de livres escolhas, cada sujeito podendo escolher o que melhor lhe convier. Prevalecem, então, escolhas de gênero que dizem respeito apenas ao livre arbítrio de cada sujeito que, por si mesmo, e não submetido àquilo que é simbolicamente construído pelo grupo, define seu gênero. Esse ponto de vista, ser homem ou ser mulher sendo uma questão do indivíduo "liberado", retira do grupo qualquer referência simbólica que possa oferecer um conjunto de valores ou princípios postulados em uma dada Cultura. Essa é, segundo me parece, uma questão paradoxal, que remete a um processo de des-simbolização, que, como observa Dufour e Berthier (2003), encontra-se em curso na contemporaneidade[1] e que retomarei mais adiante.

Se é verdade que a discussão sobre as desigualdades de gênero não se iniciou no século XX, também é verdade que foi nesse século que se colocou, de forma veemente, para as nossas sociedades, a questão da promoção da igualdade entre homens e mulheres.

Nesta perspectiva, esse século sublinhou e examinou, como em nenhuma outra época, a idéia da dominação masculina como característica das sociedades de forma geral. Incorporou-se ao discurso feminista a causalidade dominante x dominado, causalidade, aliás, predominante em todas as lutas das minorias pelo ideal igualitário democrático que marcou fortemente os movimentos sociais.

O ideal democrático levado às últimas conseqüências produziu uma concepção de um sujeito autônomo, autoconstitutivo e livre. O deslizamento do significado de ser diferente para o de ser desigual é fator fundamental para a compreensão das implicações na concepção do sujeito autônomo. O sentido de autonomia aqui se refere à idéia de que qualquer contingência externa que sugira imposição ou determinação quanto às escolhas sexuais do sujeito, mesmo considerando o real do corpo, deve ser repudiada. A afirmação sobre o caráter socialmente arbitrado da diferença sexual funciona, nesta perspectiva, como argumento e a mais viva demonstração de que é falso conceber a irredutibilidade da diferença sexual como Freud mesmo postulou.

A idéia do sujeito contemporâneo é a idéia não só de um sujeito autônomo, mas sobretudo livre e flexível, não determinado por ne-

[1] A des-simbolização, define Dufour, "indica um processo que visa a livrar a troca concreta daquilo que a excede e a institui: seu fundamento. Com efeito, a troca humana está referida a um conjunto de regras cujo princípio não é real mas reenvia a "valores"postulados." DUFOUR, D.R.; BERTHIER, P. "Vers un nouveau nihilisme?" *Le Debat*. Paris: Gallimard, nº 123, p. 168, jan.-février 2003 (Tradução livre da autora).

nhum valor cultural que o limite. Centrado sobre si mesmo, o sujeito contemporâneo pretende estar para além de todo constrangimento que possa confrontá-lo com o desconforto da diferença, ele pretende ser, na observação de Dufour, sujeito "de si mesmo" (Dufour, 2001).

Identidade e Alteridade

A partir desta concepção de sujeito e colocando a problemática da diferença sexual nos termos de diferença de gênero, pode-se pensar que os processos de construção identitários são processos em aberto. Vale lembrar, contudo, que por mais que se passem desta maneira, autonomamente, esses processos só se constituem no exercício das sociabilidades. São, inclusive, marcados por uma ambigüidade incontornável, como observou Rosset (1979).

Aceder a uma identidade designa, lembra Rosset, o ato de alguém reconhecer-se como tal – *eu sou este*. Mas, ao mesmo tempo, refere-se a um outro reconhecimento – o de que *eu também sou um destes*. Ou seja, quando eu sou, há um reconhecimento da minha singularidade. Entretanto, quando eu também sou um destes, há aqui o reconhecimento de uma igualdade relativamente a um outro. Igualdade e singularidade caminham juntas e esta é a complexidade dos processos identitários.

Do ponto de vista da diferença sexual, o problema da "identidade sexual", de resto um problema da modernidade, deve ser pensado nos termos de processos de subjetivação, através dos quais um sujeito é igual a um outro, ao mesmo tempo em que é inexoravelmente diferente, estranho a "*toda a soma das suas igualdades possíveis*" (p. 19)..., inclusive a si mesmo. Aí está a sua diferença, a sua identidade, o seu fundamento. A problemática da identidade contendo duas idéias contraditórias, a idéia do "mesmo" e a idéia do "outro", ambas na raiz do que denominamos a "subjetividade", implica, como também assinala Rosset, em sofrimento.

É a partir da concepção destes processos identitários como processos críticos e fundadores, em que o sujeito se vê diante da circunstância de ser, ao mesmo tempo igual a todos os outros e diferente de todos, que a problemática de duas faces, o mesmo e o outro, está colocada. O fato de que os processos identitários implicam no desconfortável convívio entre o igual e o diferente foi exaustivamente analisado ao longo da obra freudiana e pode ser sintetizado na afirmação de Freud sobre a dimensão trágica fundadora do sujeito: somos sujeitos da alteridade, por isto irremediavelmente condenados à falta. Somos assim estes seres desejantes de um outro, que é o que nos possibilita acedermos à condição mesma de sujeitos.

A tendência contemporânea à exclusão de toda a dimensão da alteridade, pelo mal-estar que a diferença provoca, tem se manifestado, ainda que indiretamente, através da afirmação sobre a determinação social da identidade sexual. Nesta perspectiva, o que se evidencia é, na verdade, a idéia de um sujeito livre para escolher, recusando-se a se submeter aos valores culturais. Estes representariam uma forma de dominação, toda diferença sendo socialmente produzida. O sujeito, segundo este modelo, é soberano, determinado "por si mesmo".

Ou seja, se produzimos diferentes que são desiguais (há aqui um deslizamento de sentido, pois ser diferente não é, necessariamente a mesma coisa que ser desigual!) poderemos produzir iguais pela eliminação de toda diferença. Esta passa a ser, assim, questionada na medida em que constitui fonte de produção de desigualdades e de constrangimentos à liberdade de escolha. O sujeito deve, nesta perspectiva, estar acima dos limites impostos pela própria diferença anatômica, acima, inclusive, de toda a simbólica da construção da diferença sexual.

Assim, na problemática das identidades de gênero, alguns discursos ao analisar o problema da "dominância masculina" têm proposto, como saída, a afirmação de uma igualdade de gênero, ancorada não apenas em uma atitude de "militância" das mulheres pela inversão dessa dominação, mas também, por vezes, em justificativas reducionistas, onde desponta a idéia de que é possível pensar uma sociedade onde a diferença seja apagada, uma vez que ela seria apenas socialmente construída.

Vale ressaltar aqui a positividade do avanço da democracia nas sociedades contemporâneas. Ainda que de diferentes formas, a participação das mulheres com o estatuto de indivíduos, postulando iguais direitos face aos homens, através de suas lutas pelo direito ao trabalho, a iguais salários e ao voto, iniciadas já ao final do século XIX, não pode deixar de ser sublinhada como uma conquista que deve ser creditada ao século XX.

Todavia, o caráter mais democrático das relações entre os gêneros implicou, há que se sublinhar, em toda uma reconfiguração de alguns espaços de sociabilidade que até então se constituíam a partir da dessimetria dos lugares de homem e mulher. A família, em especial, tem passado por transformações importantes, resultando, presentemente na necessidade de uma repactuação entre seus membros. Nesta perspectiva, o formato hierárquico familiar vai, pouco a pouco, dando lugar a uma relação que se pretende que seja entre iguais, o que implica na tendência, bastante acentuada na atualidade, ao apagamento também da diferença geracional.

A passagem de um formato familiar hierárquico às relações igualitárias na sociabilidade familiar se reflete em processos de dessimbolização e traz problemas importantes do ponto de vista da problemática da transmissão. Nesta perspectiva, uma pergunta é: de que forma, uma vez que todos devem ser iguais, uma geração se legitima a transmitir as referências e valores de uma dada cultura à outra geração que chega? Como observou Arendt (1972) os pais não apenas dão vida a seus filhos: os pais os introduzem no mundo. Educá-los, lembra ainda Arendt, faz parte não só da responsabilidade diante do desenvolvimento da criança que chegou ao mundo, mas também da responsabilidade "da continuidade do mundo" (Arendt, *op. cit.* p. 238).

Seria então possível, de fato, negar a diferença geracional em nome de uma igualdade que acaba funcionado quase como um imperativo categórico? Sem dúvida a afirmação da igualdade a qualquer preço faz parte de um processo de des-simbolização, através do qual a experiência de desautorização de uma geração diante da outra acaba por produzir sujeitos à deriva, desterritorializados, desafiliados (Castel, 1995).

O avanço da ciência biológica e as novas e recentes descobertas no campo da biogenética vêm também contribuindo para este processo de des-simbolização. Do ponto de vista das mulheres, os avanços biomédicos e tecnológicos disponíveis, principalmente a partir das últimas décadas do século passado – destacando-se aqui a descoberta da pílula anticoncepcional – tornaram possível, pouco a pouco, uma certa crença na possibilidade de que, através das descobertas científicas, tornar-se-ia possível ultrapassar todo o constrangimento das diferenças.

O imaginário das novas tecnologias de procriação tem convergido de modo acentuado para a nova economia de um mercado da reprodução, onde, por um lado, o acesso à reprodução será potencialmente possível a todos, sem restrições relativas ao sexo ou à idade biológica e, por outro lado, o bebê-mercadoria pode ser "escolhido" ao gosto de cada um. Esses são dois lados da mesma moeda de troca. Mas, seja qual for o produto final, a autonomia de decisão estará agora, sob a dominação de um dispositivo biomédico.

O poder sobre a vida adquirido pelo homem, cada vez mais capacitado a lutar e triunfar sobre os limites do próprio corpo, vem reduzindo a dimensão de sujeito ao estatuto de um "ser humano" que pensa poder triunfar sobre a sua trágica dimensão de sujeito dividido pela irredutibilidade da diferença sexual.

Foi no interior dos valores individualistas igualitários das sociedades modernas ocidentais que a diferença sexual passou a ser uma questão, isto é claro. Não se trata de uma problemática de caráter universal, portanto, que perpassa todas as culturas. A temática da identidade de "mulher" e a discussão sobre a "função materna" derivam, ambas, do processo de construção das mulheres como *indivíduos*, ou seja, do triunfo da ideologia individualista moderna, como descrita por Dumont (1983), um processo muito característico das nossas sociedades ocidentais.

No seu sentido filosófico, o individualismo concebe o indivíduo como fundamento de todo o social. Autônomo e livre, sem amarras nem determinações, este é o indivíduo, tal qual se apresenta na contemporaneidade.

É deste ponto de vista, ou seja do ponto de vista da ideologia individualista e igualitária que cabe analisar a questão.

Percursos do Feminino: Para Além do "Ser Mulher"...

Em Szapiro (1998), discuti o problema da "produção independente" dos anos sessenta, uma forma de maternidade onde as mulheres afirmavam que ter ou não filhos era decisão que cabia a elas, independente da decisão dos seus parceiros.

Nesse estudo, analisei a problemática da "produção independente" considerando-a uma questão ligada às novas construções do feminino. Entrevistei, à época, cinco mulheres que diziam ter tido seus filhos como "produção independente" e todas elas descreveram a maternidade como uma escolha racional e afirmaram que, na verdade, a decisão de ser mãe fora tomada antes mesmo de dar conhecimento aos seus parceiros do fato de sua gravidez. Sem dúvida, o que parece claro nos discursos da "produção independente" é, fundamentalmente, que a decisão de ter o filho, independente da decisão de seu parceiro, é resultado de um processo de autonomização da mulher no modelo do individualismo. Ou seja, a igualdade entre homem e mulher, com relação à procriação, é afirmada através da decisão "autônoma" ou "independente" da mulher por referência ao homem.

É verdade que a representação de mulher esteve sempre culturalmente ligada à questão da procriação. Freud em seus escritos sobre a feminilidade sustentou que a maternidade faz parte da construção da feminilidade. Na perspectiva freudiana, se, tanto para os homens como para as mulheres está colocada a questão de como fazer face à problemática da castração, os percursos de ambos são absolutamente diversos. O texto freudiano nos fala do sujeito em sua condição de um ser pulsionalmente dividido. Diante de sua divisão, a questão da diferença sexual se impõe e produz seus efeitos na construção do homem e da mulher.

Assim, a propósito das mulheres, Freud afirmou o lugar simbólico da experiência de maternidade, como uma tentativa de saída para o impasse colocado diante da experiência de castração. Ele enuncia, então, a singularidade do percurso feminino diante da organização fálica da cultura, sustentando que a mulher tentaria superar a experiência da castração através do seu "bebê-phalus", na maternidade. Em nenhum momento em sua obra e na sua difícil interlocução com as feministas de sua época, Freud deixou de afirmar a irredutibilidade da diferença sexual, portanto a irredutibilidade dos percursos de construção de identidade para os dois sexos. Para ele, a diferença anatômica determina diferentes conseqüências do ponto de vista psíquico (Freud, 1932).

Não é minha intenção, aqui, argumentar em defesa da tese freudiana diante do discurso de apagamento da idéia da diferença sexual. Esta é, sem dúvida, também uma discussão fundamental neste momento e que deve considerar o modelo de compreensão do psiquismo humano a partir de pressupostos freudianos que não pretendo aqui levantar. Na verdade, o objetivo da discussão presente é apontar para o equívoco que encontramos no discurso de recusa à diferença sexual.

Assim sendo, concordando ou não com os pressupostos freudianos, é razoável que todos estejamos de acordo com o fato de que Freud descreveu um processo de construção psíquica para homens e mulheres que se faz a partir de uma diferença que é da ordem do real: a diferença anatômica entre os corpos. Mas seria possível considerar que os pressupostos freudianos contribuíram para reforçar a dominação social masculina?

Ao que me parece, estamos diante de dois níveis de dominação, como bem descreveram Dufour e Berthier (*op. cit.*), e que devem, portanto, ser corretamente explicitados, pois correspondem a duas formas de dominação absolutamente diversas.

Do ponto de vista da irredutibilidade da diferença sexual, estamos falando de um campo de fundamento do sujeito, este ser que chega ao mundo com um corpo anatomicamente sexuado. Sobre este real do corpo o sujeito vai inscrever, simbolicamente, sua diferença, seja de que forma for! A referência a este nível de dominação em Dufour e Berthier (*op. cit.*) como uma primeira dominação, deve-se ao seu caráter propriamente fundador do sujeito.

Uma outra dominação e que se faz sobre esta primeira é, segundo os autores, de ordem sociopolítica e é, ainda, específica a cada sociedade. Esta dominação atua – e este é o caso do debate sobre a diferença sexual e a proposição de negá-la – capturando o sujeito exatamente no sentido de sua própria construção simbólica e este é, na verdade, o momento onde se pode operar um processo de des-simbolização.

O fato de que as sociedades contemporâneas definam como o melhor modo de vida a experiência igualitária fala tão somente a respeito de escolhas sociais feitas em nome da proeminência do valor igualitário. Nesta perspectiva, o trabalho de construção de relações e práticas sociais igualitárias entre homens e mulheres tem caminhado e muito se tem conquistado. Outra questão é, em nome deste mesmo valor igualitário, tentar operar, do ponto de vista da constituição do sujeito, a destituição da sua simbólica fundadora, o que traduz não só num equívoco sobre o que é da ordem do real e o que é da ordem do simbólico, mas pode produzir, também, práticas totalitárias e, diante destas, derivas identitárias.

REFERÊNCIAS BIBLIOGRÁFICAS

ARENDT, H. *La crise de la culture.* Paris: Gallimard, 1972.

BOURDIEU, P. *A Dominação Masculina.* Rio de Janeiro: Bertrand Ed., 1999.

CASTEL, R. *Les Métamorphoses de la question sociale.* Une chronique du salariat. Paris: Fayard, 1995.

DUFOUR, Dany-Robert. Les désarrois de l'individu-sujet. *Le Monde Diplomatique.* Paris, nº 569, pp. 16-17, fevereiro, 2001.

DUFOUR, Dany-Robert; BERTHIER, Patrick. Vers un nouveau nihilisme? *Le Debat.* Paris: Gallimard, nº 123, pp. 162-174, 2003.

DUMONT, L. *O Individualismo* – Uma perspectiva antropológica da ideologia moderna. Rio de Janeiro: Editora Rocco, 1983.

FREUD, S. "Sobre a Sexualidade Feminina" (1931). *In: Obras completas*. Rio de Janeiro: Imago. Edição Standard Brasileira, v. XXI, 1976.

_________ "La féminité" (1932). *Sigmund Freud Oeuvres complètes Psychanalyse*, v. XIX. Paris: PUF, 1995.

___________ "Análise Terminável e Interminável" (1937). *In: Obras completas*. Rio de Janeiro: Imago. Edição Standard Brasileira, v. XXIII, 1976.

HÉRITIER-AUGÉ, F. La Cuisse de Jupiter: Réflexions sur les nouveaux modes de procréation. *L'Homme*. Paris, nº 94, pp. 5-22, avr.-juin 1985.

ROSSET, C. *L'objet singulier.* Paris: Les Éditions de Minuit, 1979.

SZAPIRO, A.M.; FÉRES-CARNEIRO, T. Construções do feminino pós anos sessenta: o caso da maternidade como Produção Independente. *Psicologia Reflexão e Crítica,* v. 15, nº 1, pp.179-188, 2002.

SZAPIRO, A. M. "Percursos do Feminino: Um Estudo sobre a 'Produção Independente' dos anos sessenta." Tese de Doutorado em Psicologia. Rio de Janeiro: Departamento de Psicologia, Pontifícia Universidade Católica, PUC-Rio, 1998.

TESTARD, J. *L'œuf Transparent.* Paris: Flammarion, 1986.

À PROCURA DE LUISA. CONTRIBUIÇÕES DA ANTROPOLOGIA URBANA À PESQUISA PSICOSSOCIAL

Naumi A. de Vasconcelos

....

Pede-se a quem avistar
Luisa Porto de 37 anos,
Que apareça, que escreva, que mande dizer
onde está.

....

Levava pouco dinheiro na bolsa.
(Procurem Luisa)
De ordinário não se demorava.
(Procurem Luisa)

....

Carlos Drummond de Andrade
(*Desaparecimento de Luisa Porto*)

O título e o poema em epígrafe poderão levar o leitor a se perguntar por que, por quais motivações subterrâneas, estaria eu a citar Drummond, a me interessar por "Luisa" e por seu paradeiro, a ponto de parecer inscrever-me como voluntária naquela cruzada poética.

A resposta surgiu do próprio itinerário de pesquisa. Voltando sobre meus passos, verifiquei o quanto me insatisfazia o caminho andado, com seus lugares definidos de pesquisa: essa ou aquela instituição, esse ou aquele grupo reunido em um mesmo espaço, onde eu colhia registros e mais registros da existência de sujeitos que depois desapareciam, rapidamente demais. Por muitas vezes tentei localizar seus rumos, para ampliar suas biografias e minha compreensão, mas seu estar no mundo perdia-se em referências vagas, em endereços mutantes, em labirintos que, algumas vezes percorridos, revelaram-se "*chemins qui ne ménent nulle part*". Como Luisa, haviam desaparecido no mundo partido e heterogêneo da cidade grande.

Compreendi então que Drummond não era apenas uma bela ilustração de minhas reflexões e que seu poema simbolizava um novo rumo de pesquisa – sair dos universos fechados e institucionais para a rua, a casa, o bairro em busca dos traços de existências perdidas. Acho que é esse o sentido mais profundo do trabalho que se segue e que, desvendado em um poema, confirma, no dizer de Bachelard, que "a poesia é uma metafísica instantânea".

Alguém, feito de muitas singularidades e de muitos acasos, e que se chama Luisa, está perdido numa grande cidade. A quais investigadores, dentro das Ciências Humanas, caberá encontrá-la? Para muitos isso não faz problema e Luisa não se põe nem como ponto de partida, nem como ponto de chegada em seus percursos científicos, o que, no entanto, não desmerece seus esforços: são eles que, sem o quererem expressamente, contribuem para encontrá-la. Na medida em que circunscrevem áreas, delimitam domínios econômicos e sociais, informam sobre estratégias de sobrevivência e muitas coisas mais que vestem Luisa. Parece, no entanto, que cabe ao antropólogo o ofício de, munido daquelas referências e de suas próprias, partir ao seu encontro. A Psicossociologia, dentro da qual desenvolvo meus trabalhos, não pode prescindir dessa conexão antropológica e é no interesse dessa conexão que estarei falando a seguir.

Acontece que Luisa habita na cidade, numa sociedade dita "complexa", da qual um longo período de freqüência em paragens e sociedades "primitivas" isolou o antropólogo. Como se sairá ele ali? Importa, pois, considerar a **significação**, dentro do quadro da cientificidade contemporânea, da emergência, talvez um tanto súbita, de uma antropologia urbana sobre o vasto oceano da antropologia das sociedades "simples".

Essa emergência parece-me estar na confluência de duas forças complementares: uma, fluindo da própria ciência antropológica, e outra, expandindo-se da própria cidade. Em outras palavras: o antropólogo "descobre" a cidade que, ao mesmo tempo também o descobre.

Da primeira descoberta, o que se vê, como bem o assinala Roberto da Matta, é que o antropólogo, em seu ofício de conhecer o outro, o estranho, percebe que, para isso, não é necessária uma viagem a terras estrangeiras. Percebe que o ex-ótico também está aqui. Tal transformação ocorre, citando as palavras desse autor, no momento em que *"a disciplina* [etnologia] *se volta para nossa própria sociedade, num movimento semelhante a um auto-exorcismo, pois já não se trata mais de depositar, no selvagem africano ou melanésio, o mundo de práticas primitivas que se deseja objetivar e inventariar, mas de descobri-las em nós, nas nossas instituições, na nossa prática política e religiosa. O problema é, então, o de tirar a capa de membro de uma classe e de um grupo social específico para poder – como etnólogo – estranhar alguma regra social familiar e assim descobrir (ou recolocar, como fazem as crianças quando perguntam os "porquês") o exótico no que está petrificado dentro de nós pela reificação e pelos mecanismos de legitimação.*

Da segunda descoberta (da antropologia pela cidade), o que se infere é que nas investigações, tanto teóricas quanto empíricas, que se têm feito no e sobre o urbano havia uma lacuna antropológica que hoje pede para ser preenchida. Por quê? Parece-me que uma resposta a esta questão poderá incluir isto que uma reflexão fenomenológica me sugere: na observação que da cidade se fazia, faltava aquele caráter propriamente participante, necessário a um conhecimento que aspire não somente à explicitação dos fenômenos, à maneira das ciências "nomotéticas", segundo a expressão de Piaget, mas que aspire sobretudo à sua co-apreensão, à sua compreensão.

Parece haver chegado o momento em que a "cidade fala" de sua incompreensão, em que aspectos seus ignorados pela investigação científica gritam sua existência e seu direito a também se objetivarem. E que aspectos serão esses se não aqueles ligados à própria existência, no que ela tem de individual e de concreto? Longe de nós querermos com isso reacender a velha querela de que não há ciência do individual, no sentido de singular. Não é nesse sentido que falamos.

O que falamos se relaciona com o relativamente pequeno número de trabalhos e investigações empíricas voltadas para o habitante de nossas cidades, em comparação com o vasto caudal de valiosíssimos e variados tratados sobre a "questão urbana"; a enorme defasagem existente entre a "observação teórica" do espetáculo cidade – e as apreciações daí resultantes, tão variadas e brilhantes – e uma observação dirigida para os atores, para a sua participação na peça, e para a participação do homem nesse ator, para a face humana sob a máscara em que se apresenta.

A evidência cotidiana que o homem citadino nos dá de sua dificuldade em atuar como pessoa, no meio de tantas forças massificantes – e que, de tão cotidiana, corre o risco de ser taxada de "irrelevante" ou "banal" – essa evidência é por si um sinal que interroga a questão da cidadania.

Questão que as outras ciências sociais só respondem, parece-me, por via dedutiva, indiretamente, ao investigarem como a **cidadania reveste** "Luisa". Ora, é sem dúvida necessário investigar também como "Luisa" **investe a cidadania**.

A estranheza que acomete o homem contemporâneo em um mundo "familiar", as dificuldades que encontra para afirmar-se como indivíduo e ao mesmo tempo para "integrar-se" e comunicar-se autenticamente, tudo isso aponta não apenas para uma crise epistemológica das ciências humanas, mas para uma crise no longo processo do humano – sentir-se outro para si mesmo.

Poder-se-á dizer, e certamente com razão, que uma espécie de desajuste ecológico contemporâneo faz o homem estranhar o seu mundo, que a industrialização, a sociedade de consumo, faz do habitante de nossas cidades apenas mais um transeunte atônito que, parafraseando Capistrano de Abreu, "assiste estarrecido à proclamação", da república não já, mas, na verdade, das coisas e nelas dessa coisa pública que ele mesmo se terá tornado – poder-se-á falar disso e de muitos outros fatores que "explicariam" essa irrupção do exótico no familiar. Mas, subjacente a todos eles, está o desconhecimento, o esquecimento do homem por si mesmo, em seu ponto crítico de insuportabilidade.

O desconhecer-se em seu mundo não afeta o homem apenas em sua individualidade, em sua autonomia, mas correlatamente em suas necessidades sociais de integração mundana. E parece que esse binômio individualidade-integração se apresenta como dilema tipicamente urbano. Integrar-se, em uma cultura coisificante e por isso mesmo representativa, é o mesmo que pulverizar-se, desindividualizar-se. É aqui que se pode cair no mau individualismo: para contrapor-se a essa corrente corre-se o risco da enfatização empobrecedora de apenas um dos termos daquele binômio. E daí G. Simmel falar no tipo "*blasé*" – denominação que, em si, parece um tanto inoportuna em um contexto urbano brasileiro, mas que remete a traços de personalidade que talvez se apliquem basicamente a qualquer homem em situação de estranheza em seu mundo – caracterizado por seu encouraçamento, por sua "incapacidade de reagir a novas sensações de maneira apropriada". Tal incapacidade seria resultante, mas resultante contrária, da estimulação atomizada da vida citadina, pois "a autopreservação de certas personalidades é comprada ao preço da desvalorização de todo o mundo objetivo, uma desvalorização que, no final, arrasta inevitavelmente a personalidade da própria pessoa para uma sensação de igual inutilidade".

Se considerarmos que a inserção da Antropologia no cenário citadino contemporâneo é, afinal, um re-conhecer-se em seu próprio mundo, um questionamento do familiar esquecido, um autoquestionamento, poderemos dizer que essa inserção se liga a toda uma reformação metodológica de pensar o homem. Já não se trata mais de cristalizar distâncias, nem de "representar" o mundo humano; tratar-se, antes, de um "volta" à existência e a sua irredutibilidade a qualquer sistema global e fechado.

Fazer antropologia na cidade é assim reconhecer uma obra humana onde os próprios autores não a reconhecem como sua. É, portanto questionar, investigar essa autoria. É bom salientar que se fala aqui de antropologia **na** cidade e não **da** cidade, como lembra Gilberto Velho. Nessa diferença reside toda uma opção, não só metodológica, como epistemológica, isto é, afetando o próprio ser da ciência antropológica: na medida em que se abalam os pressupostos cristalizados de que entre o sujeito (pesquisador) e o "objeto" deve haver uma distância cultural; na medida em que se reconhece que "o observador faz parte do observado", e em que o antropólogo, homem da cidade, se re-conhece também como mais um desconhecido por uma ciência, que é a sua própria; e, finalmente, levando a ver o contexto urbano como um campo aberto, sem conceituações sistemáticas e representativas do fenômeno "cidade", mas aceitando que esse fenômeno se revele ao olhar do pesquisador e se revele em sua existência cotidiana.

Enquanto que, de um ponto de vista estritamente econômico, podem-se evidenciar, com relativa facilidade, as diferenças entre um contexto rural e um contexto urbano, detendo-nos, por exemplo, entre o modo de produção do campo e o da cidade, as dificuldades se acentuam quando passamos a enfocá-los dentro de um ponto de vista sociopolítico. Nesse sentido, pode-se dizer que o **fenômeno urbano**, em nossos dias, não se contrapõe a um **fenômeno rural**. Quanto a isso não parece haver pluralidade em nossa sociedade, mas sim univocidade, e que "urbanizar" é uma palavra que designa um processo e uma meta oni-abrangente, a tal ponto que não se trata de "ruralizar" certas regiões, mas, univocamente, de urbanizar todas. A modernidade, ou a pós-modernidade, é urbana. Assim, o termo "modernizar", destituído de sua semântica própria (atualizar, presentificar, inovar) não se refere ao rural no sentido de utilizar e manifestar suas potencialidades próprias, mas se refere unicamente à implantação ali do modelo urbano moderno. Pelo menos, é o que se assiste no ocidente – onde o rural parecer ser somente aquilo que **ainda não é** (urbano) – lembrando, a propósito, M. Castells.

Entretanto, certos traços ditos "rurais" continuam se manifestando na "cidade", até mesmo num apartamento em plena Copacabana, sinalizando, mais uma vez, Gilberto Velho. Mas, se o campo invade a cidade, bastando pensar na crescente aspiração do homem citadino por um "retorno à natureza", não é só a cidade, mas esse homem que é preciso interrogar.

Pelo fio desta exposição perspassa a idéia, como se terá percebido, que o alheamento do homem de si mesmo insere-se na própria historicidade ocidental e em todo seu espaço social. O caráter representativo do pensamento, a reificação da existência caracterizam, como já foi dito por autores de nomeada, esse alheamento, onde o corpo ocupa uma posição tristemente privilegiada.

Ao antropólogo das sociedades "primitivas" não tem passado desapercebido esse "discurso do corpo" que, em tais sociedades, parece falar de um modo mais integrado e harmonioso, dentro do contexto ecológico e grupal, do que em nossas sociedades urbanas. Naquelas sociedades, o corpo tem sido apreendido, pelos pesquisadores, em sua evidência imediata, observado e aceito como o **símbolo natural** que é e, como tal, tão importante como **signo**, a indicar, lembrando Ricoeur, que é **a partir dele** e não antes dele que a identificação deverá se colocar.

Entre nós, entretanto, o corpo pouco merece esse cuidado etnológico, mas, ao contrário, tem sido considerado abusivamente como "espaço de projeção de ideologias diversas" – parafraseando Gusdorf.

A fenomenologia mostra a existência corporal como uma existência absoluta, proposição cuja "plena compreensão nos levará sem dúvida a modificar profundamente a maioria de nossas concepções relativas à vida do corpo". Quando Michel Henry escreve isto quer aludir ao fato dessas concepções serem tributárias geralmente de um naturalismo, ainda que de modo implícito e ignorado.

É assim que o desejo é comumente interpretado – como "coisa natural", englobado dentro de "uma natureza", o que o torna um processo objetivo e impessoal, um pouco como se o indivíduo fosse transpassado por **uma** sexualidade, força anônima que deve seguir um "ritmo próprio". O autor acima continua dizendo que "*esta distinção que implica a objetivação dos desejos, isto é, sua distinção rigorosa do que constitui o ser-essencial e próprio do ego e da subjetividade, é o princípio de uma má-fé que se manifesta ruidosamente em Rousseau (...) e, de um modo mais geral, no dualismo tradicional.*"

Contra tais colocações, uma teoria do **corpo subjetivo** nos revela que a vida de nosso corpo não se assemelha à vida do universo, "submetido a determinações concretas de uma existência empírica que se desenvolve de uma maneira impessoal, comandada por leis objetivas... Mas o desejo é subjetivo, ele tem o peso, a gravidade da existência infinita que o transporta, e também a simplicidade e a transparência da vida absoluta no seio da qual se revela".

A importância dessas colocações para o antropólogo, como de resto para todo cientista do humano, torna-se evidente quando se pensa que, subjacente a sua pesquisa, em seus mínimos e empíricos detalhes, em sua organização, encontram-se uma visão de mundo e uma ideologia da existência que poderão ser tributárias de uma ótica (ética?) naturalista da existência. O que certamente impedirá, como tem impedido, que se encontre Luisa.

Quando se consideram os desejos apenas como tendências inatas, correlatos de modificações orgânicas, ou socioeconômicas (afinal, isso também é naturalismo), é um campo de idéias abstratas que se investiga e não o território infinito do desejo. Território que se considerava até há pouco já colonizado e tão "familiar", como o quintal da casa do interior de nossas infâncias. Quintal que, embora unido à casa, nela não se incorporava indivisivelmente, mas ficava lá, como um apêndice necessário, em sua desordem devidamente cercada. Mas a cidade grande não tem quintais. A casa mudou. O quintal agora está dentro dela. E provoca toda uma contenção em seu espaço e uma desordem interna. Nessa outra casa, o "corpo" do homem terá mudado também? Admitirá esse "quintal" em seu apartamento e zonas exteriores em seu corpo, como a sexualidade, o desejo, o eram em outro tempo e em outro espaço?

Se, como diz Mary Douglas, no corpo se refletem as "dicções" e contradições do sistema, sobretudo no que se refere às noções e vivências do puro e do impuro, se – *"nossas idéias sobre a sujeira são também a expressão de sistemas simbólicos"* –, se a sujeira pode ser considerada como – *"o subproduto de uma organização e de uma classificação da matéria, na medida em que todo arranjo acarreta a rejeição de elementos não apropriados"* –, poderemos concluir com essa autora que *"a reflexão sobre a sujeira implica a reflexão sobre a relação da ordem à desordem, do ser ao não-ser, da forma à falta de forma, da vida à morte"*. Reflexão que se pode fazer fecundamente através da mediação do corpo humano, lugar-privilegiado de toda conceituação sobre a sujeira.

Essa dicotomia existencial e ontológica que o pensamento de Mary Douglas expressa é passível de uma revisão crítica, o que não a impede de ser útil, como descrição de modo ocidental de pensar e viver o corpo.

Quando dizemos, com Michel Henry, que *"a teoria do corpo subjetivo, ao rejeitar a distinção tradicional do corpo e do espírito, obriga-nos a assumir em todos os planos todas as conseqüências que tal rejeição pode comportar"*, isso se refere às conseqüências que se põem no plano mesmo de nossa pesquisa e de como essa rejeição exige, de cada um que dela participa, uma tomada de consciência preliminar daquilo que se rejeita teoricamente, um assumir dessa distinção tradicional, inseridos que estamos em sua historicidade, guiados por aquilo que, racionalmente rejeitando, sensivelmente ainda preservamos. Que nossa dicotomia não nos impeça – por falta de a denunciarmos – de encontrar o "corpo" de nosso informante, ao o esquartejarmos dentro de nós mesmos.

Chegados a esse ponto, voltemos a "Luisa", "Luisa" que saiu de casa e desapareceu nas ruas de uma grande cidade, pelos corredores de instituições de ajuda ou de pesquisa, onde se deixou captar fragmentariamente.

São esses fragmentos que constituem o fio condutor de seu paradeiro. É aqui que a análise institucional pode se ampliar em uma análise antropológica. É aqui que ela se torna busca.

REFERÊNCIAS BIBLIOGRÁFICAS

CASTELS, M. *La question urbaine.* Paris: François Maspero, 1975.

DOUGLAS, M. *De la souillure.* Paris: François Maspero, 1971.

FÉNELON, M. Heloisa; VASCONCELOS, Naumi A. de. *Sexualidade, Corpo, Casa* (Ms, 1976).

GUSDORF, G. *Introduction aux Sciences Humaines.* Lês Belles Lettres,1960.

HEIDEGGER, M. *Philosophie et Phénoménologie du Corps.* Paris: P.U.F., 1965.

HENRY, Michel. *Le Corps.* Paris: Plêiade, 1979.

MATTA, Roberto A. da. *O Ofício do Etnólogo, ou como ter Anthropological Blues.* Prog. de Pós-Grad. em Antrop. Soc., M. Nacional.

PIAGET, J. *Logique et Connaissance Scientifique.* Paris: Plêiade, 1967.

RICOEUR, J. P. *Questions de méthode.* Paris: Gallimard, Idées, 1960.

SIMMEL, G. "A metrópole e a vida mental". *In: O Fenômeno Urbano.* Coordenação de Otávio. Rio de Janeiro: Zahar.

SINGER, P. *Desenvolvimento econômico e evolução urbana.* São Paulo: Comp. Ed. Nacional, 1968.

VELHO, Gilberto. *A Utopia Urbana.* Rio de Janeiro: Zahar, 1973.

DIVIDIDAS E MULTIPLICADAS: A MATERNIDADE PARA MULHERES EXECUTIVAS CARIOCAS

Maria Lúcia Rocha-Coutinho

Este trabalho apresenta parte dos resultados de uma pesquisa com mulheres executivas cariocas[1], que se insere em um estudo mais amplo que vimos desenvolvendo acerca da identidade de mulheres e homens de classe média, residentes na cidade do Rio de Janeiro, e suas relações com a família e o trabalho.

Nossos estudos apontam para o fato de que, apesar do discurso social mais "moderno", que privilegia a inserção da mulher no mercado de trabalho, ocupar posição central, tanto no discurso das mulheres quanto dos homens por nós entrevistados, ele ocorre lado a lado com o "antigo" imperativo de que "mãe é mãe" e de que só ela sabe como melhor cuidar de seus filhos. Assim, a despeito da participação de mães e pais ser considerada igualmente importante na criação dos filhos, a responsabilidade pelo cuidado deles ainda é vista, tanto por mulheres quanto por homens, em uma relação assimétrica em que ao homem parece ser destinado apenas um papel coadjuvante.

---

[1] A pesquisa contou com o apoio do CNPq e da FAPERJ e com a colaboração das seguintes bolsistas de Iniciação Científica: Aissa Marques dos Santos, Paula Fernandes Magalhães, Vanessa do Nascimento Fonseca e Flávia Hasky.

Isto é, apesar de nossos entrevistados reconhecerem a importância da participação do pai na educação dos filhos – o "bom" pai é visto como aquele que está sempre presente – e, apesar de acreditarem que o cuidado com os filhos é de responsabilidade de ambos, mãe e pai, acabam por afirmar que, pela relação biológica da mulher com a maternidade, que envolve a gravidez e a amamentação, a mãe é a mais indicada para cuidar dos filhos porque eles são "naturalmente" mais apegados a ela. Parece, assim, que, não apenas maternidade e maternagem continuam a ser identificadas no discurso de nossos entrevistados, como também a inscrição da maternidade no corpo feminino permanece na base do discurso que situa a mulher em posição de maior "capacidade" e predisposição para cuidar dos filhos.

Acreditamos, assim, que, no que diz respeito a homens e mulheres contemporâneos, apesar da limitação da mulher ao espaço privado do lar e do não envolvimento do homem neste domínio serem aparentemente condenados, é justamente no mundo doméstico que as diferenças entre homens e mulheres se fazem sentir de forma mais forte. A despeito de todas as mudanças ocorridas nas últimas décadas, parece que nossas crenças ainda estão muito ligadas à idéia de que a unidade mãe-filho é básica, universal e psicologicamente mais apropriada, tanto para o desenvolvimento sadio da criança, quanto para a completude da mãe. Uma vez que a criação de crianças é um trabalho social extremamente necessário, de fundamental importância para a continuidade das sociedades, gratificante para o "instinto" humano de gerar seres, além de altamente valorizado na vida de mulheres que têm filhos, é fácil para nós acreditar nessa idéia e aceitar a "mística" da maternidade.

É nosso ponto de vista, portanto, que, ainda hoje, é na interseção carreira-família que vão se configurar os maiores impasses enfrentados interna e externamente por grande parte das mulheres de classe média em seu percurso singular de atuação nos mundos público e privado.

Com essas questões em mente, desenvolvemos uma pesquisa com mulheres executivas cariocas com o objetivo de melhor entender, entre outras coisas, como elas vêem e/ou vivenciam a conciliação de sua carreira profissional com sua vida pessoal e familiar e que tipo de discriminação e/ou pressão vêm enfrentando nessas duas esferas de atuação.

Optamos por trabalhar com executivas porque, além desta carreira ter sido e ser, ainda hoje, dominada por homens, nela o crescimento profissional envolve posições de poder e liderança que requerem características tradicionalmente associadas à masculinidade. Além disso, em meio à globalização atual da economia, estes cargos envolvem grande quantidade de horas dedicadas à empresa e viagens freqüentes, o que poderia dificultar uma possível conciliação entre a carreira e a família, em especial para a mulher que almeja alcançar os antigos padrões esperados de maternidade. Neste trabalho vamos nos concentrar nos dados relativos à maternidade, ao funcionamento familiar e à articulação carreira-família.

Nosso Estudo

Entrevistamos 12 executivas brasileiras, residentes na cidade do Rio de Janeiro, com idades variando entre 25 e 45 anos, formadas em administração, economia e nas diferentes engenharias. As entrevistas tiveram lugar no local e horário mais convenientes para cada entrevistada e tiveram uma estruturação invisível, ou seja, apesar de os tópicos abordados terem sido estruturados *a priori*, nenhum roteiro escrito foi utilizado e a ordem de emergência dos tópicos foi determinada pelo fluxo da conversa.

Todas as entrevistas foram gravadas e transcritas na íntegra, preservando-se, de forma o mais fiel possível, o que foi dito (como erros gramaticais, uso de expressões coloquiais, gírias e palavrões, pausas, hesitações e ênfases, entre outras coisas). Além disso, sempre que importantes para nossos objetivos, foram inseridos comentários acerca do que ocorreu nas situações de entrevista, como risos, tosse, nervosismo na fala, gesticulação exagerada, entre outros. Após transcritas as entrevistas, foi feita uma análise do discurso segundo categorias propostas a partir da fundamentação teórica e do discurso das mulheres entrevistadas (ver Rocha-Coutinho, 1998).

Acreditamos que a utilização de histórias orais – quer sob a forma de histórias de vida, quer sob a forma de entrevistas abertas, que se assemelham a um "bate papo", como as que estamos utilizando –, bem como o uso da análise do discurso para interpretar os textos delas resultantes, são especialmente úteis nos estudos sobre mulheres. Se queremos melhor entender como as ideologias dominantes, refletidas e reforçadas pelos diferentes tipos de discurso, estruturam nossas instituições e moldam a vida cotidiana das pessoas, é necessário ouvir não apenas *o que* as pessoas reais dizem de suas vidas concretas, mas também *como* elas o fazem.

A história oral se apresenta como uma das melhores formas de se fazer com que as pessoas falem sobre suas vidas porque permite que o pesquisador explore tanto fatos e atividades como a experiência emocional de seus sujeitos. Ao falar, as pessoas articulam suas próprias experiências e refletem sobre os significados destas experiências para si. Desse modo, podemos obter um quadro mais amplo de como a entrevistada se percebe no mundo, de como e a quê ela atribui valor e do significado particular por ela atribuído a suas ações e a seu lugar no mundo.

Esse ponto tem se mostrado especialmente importante nos estudos de mulheres porque, para elas, a habilidade de valorizar seu próprio pensamento e sua experiência é, muitas vezes, bloqueada por dúvidas e hesitações quando sua experiência pessoal não está de acordo com os mitos e valores que dizem respeito a como uma mulher "deve" se comportar e sentir. Uma análise mais atenta da linguagem e dos significados de palavras importantes por elas utilizadas para descrever sua experiência nos permite melhor compreender como as mulheres estão se adaptando à cultura na qual vivem. É preciso, portanto, ir além, explorando também a forma mesma de seus discursos e o significado das palavras empregadas por nossas entrevistadas, se quisermos melhor dar conta desta "duplicidade" da mente de nossos sujeitos mulheres (Rocha-Coutinho, 2000).

Análise dos Resultados

Ao serem perguntadas sobre o que consideram importante na vida de uma mulher, todas as entrevistadas, inclusive aquelas que ainda são solteiras e/ou não têm filhos, mencionaram a família, a realização profissional e a independência financeira, aspectos que consideram fundamentais *não apenas na vida das mulheres mas de todo ser humano, inclusive homens:*

> *Eu acho que, na verdade, não é na vida de uma mulher, é na vida de um ser humano. Tanto o homem quanto a mulher, eu acho que é a família, o trabalho, saúde, amigos. Eu reúno todas essas coisas... Existe diferença, mas eu acho que pra todo mundo é importante você ter uma base familiar, você ter um trabalho que te dê segurança, que você se sinta bem, que isso você leva pra casa também depois. Se você tá insatisfeita com seu trabalho, você leva isso pra sua vida pessoal* (V2 – solteira, sem filhos).

Todas as entrevistadas sem filhos, com exceção de A1, viam a maternidade como algo importante na vida de uma mulher, como algo que completa a mulher, e afirmaram desejar ser mães um dia:

> [Eu quero ser mãe] *porque completa uma mulher... Tem muita mulher que não quer ter filho, que odeia criança. Uma coisa é você odiar a criança dos outros, outra é você educar bem o seu filho, você gostar dele* (V1 – solteira, sem filhos).

A1 foi bem enfática ao afirmar que nunca quis ter filhos, não porque eles poderiam interferir em sua atuação profissional, mas porque a maternidade nunca fez parte dos seus planos. Para ela, os homens é que sempre querem ter filhos e ela teve muita sorte porque casou com um homem que já tinha filhos:

> ***Não****, nunca quis ter filhos, não faz parte dos meus planos... Eu não deixei de ter filho por causa da minha profissão, eu não tive filho porque eu* ***nunca*** *quis ter filho, é diferente... Acho minha família excelente. Primeiro, porque eu casei com um homem que tem filho, o que é um* ***sonho*** *iluminado,* *porque eu nunca quis ter filhos e os homens sempre querem ter filhos. Então, já vieram prontos, eles são* ***lindos****, o que é uma beleza porque acho que se fossem meus não iam ser tão bonitos assim (risos), saudáveis* (A1 – casada, sem filhos, morando com os filhos do marido).

É interessante observar que, em outro momento da entrevista, A1 fala, primeiro que teria adotado muitas crianças se não viajasse muito e, a seguir, que acha que talvez nunca tenha querido ter filhos porque acredita que uma mãe tem que ter disposição para se doar de forma completa para seu filho:

> *Eu nunca, acho ideal hora nenhuma pra ser mãe porque eu acho que o mundo já tá supercheio de gente, criança abandonada precisando de uma mãe, né? Então eu até gostaria muito, por mim já teria adotado muitas crianças, mas eu viajo muito, por enquanto não posso... uma criança, ela* ***precisa*** *de assistência... acho que vinte e quatro horas. Acho que eu sou supermãe, acho que por isso que eu nunca quis ter filhos, né?... Pra ser mãe você tem que ter predisposição pra se doar de uma forma bem completa.*

Quanto à melhor época para ter filhos, todas afirmaram não haver uma hora ideal, dependendo de uma série de circunstâncias:

> *A hora ideal? Acho que essa hora não existe (risos). Mas, assim, é... Não existe sim. Eu, por exemplo, eu poderia, se fosse pela minha paixão só de ter filho, eu poderia ter filho agora, né? Sou casada, não sei o quê, minha casinha, alugada, tudo bem. Mas eu quero, antes de ter filho, ter um apartamento próprio, porque, por menor que seja, mas porque, é aquilo que eu falei, eu acho que criança dá uma despesa que não tem muito como você fugir... Então, ter uma casa própria e não me... eu quero ter filho quando pensar assim, não vou me incomodar se tiver que acordar às... tiver que ir à praia às oito da manhã... Eu não quero ter filho e ficar assim "ah, por causa do filho eu tô aqui, sabe, de madrugada. Eu não quero achar isso ruim... sofrer com isso* (V3 – casada, sem filhos).

Quanto às entrevistadas com filhos, todas se sentem muito satisfeitas com a maternidade e afirmam, inclusive, que estariam dispostas a fazer algumas concessões, se necessário, para ter outros filhos, apesar de acreditarem ser possível conciliar a chegada de um filho com as atividades profissionais. Cabe assinalar, aqui, que, nem sempre esta maternidade foi planejada por elas, apesar desse desejo já se fazer presente, como afirma A2:

> *Ape**sar** da minha gravidez não ter sido plane-**ja**da, mas eu já tava **pen**sando em engravidar, já tava **pen**sando em ser mãe. Aquilo já tava começando a florescer e de repente peguei a gravidez.*

Apesar de todas terem afirmado não haver uma hora ideal para ter filhos, a maioria concordou ser importante uma certa independência financeira e equilíbrio emocional ("É importante você ter uma independência financeira... e, além disso, você ter o seu emocional também..." A2 – casada, com filha pequena). As falas a esse respeito, contudo, são bastante confusas e contraditórias. Para F3 (casada, com filha pequena), por exemplo, não há hora ideal e, no seu caso, foi o marido quem a convenceu a ter filho:

> *Eu não decidi* [ser mãe], *eu fui induzida* (rindo). *Eu acho que se a gente achar que vai esperar o momento certo, o momento certo nunca vai chegar, porque as mulheres, pelo menos as mulheres que trabalham, eu acredito que a gente nunca tá onde a gente quer, a gente sempre quer mais e o momento nunca é propício. Você sempre vai achar que vai atrapalhar a sua carreira. Então, eu realmente não achava. E eu nem sei se eu queria* ***muito****. Mas, enfim, meu marido queria* ***demais****,*

> *ele me convenceu de que eu nunca iria achar que era a hora certa e ele tinha roda razão, eu nunca iria achar que era a hora certa. E, como eu já disse, acabou que foi um momento super propício, foi um momento ótimo.*

Do mesmo modo que para F3, F1 (separada, com filho adolescente) também acha que não existe hora ideal e que, se ela tivesse esperado essa hora talvez não tivesse tido filhos:

> *Eu acho que se eu tivesse esperado essa hora ideal, talvez eu não fosse até hoje, porque sempre ia ter uma coisa mais importante. Por isso que eu acho que papai do céu resolveu falar assim* (rindo): *"Não, deixa eu mandar logo, porque aí não vai ter jeito". E foi assim que foi.*

Já F2 (casada, com filhos adolescentes) afirma que cada mulher tem um momento certo para ser mãe, "uma hora que clica", e que não é bom ser mãe muito jovem:

> *Acho, acho que existe* [um momento certo para ter filho]. *Não sei determinar nem em idade e nem... Eu acho que você ser uma mãe mais velha é melhor e acho que tem um momento teu, que você quer ter filhos. Tem meninas aqui que casaram e que dizem pra mim que não querem nunca ter filho. Eu acho esquisitíssimo isso* (risos). *Depois eu penso que talvez eu teja perguntando numa época errada. Elas acabaram de casar, tão brincando de casinha e vêem um filho como um empecilho pra brincadeira... Elas não tão no tempo de ter filho. Deve ter uma hora que clica.*

Para as entrevistadas sem filhos, a articulação carreira-filhos, apesar de muito difícil, pareceu viável e também desejada, uma vez que, como apontado acima, todas pretendem ter filhos um dia:

> *Eu acho que dá pra levar as duas coisas numa boa. Acho que não tem que ter culpa... Eu acho que é só você... a grande questão é tempo. Você ter tempo de se dar pra essas coisa. Sem culpa, né?... Eu acho que você tem condições sim, de você, se você é uma pessoa atenta, se você é uma pessoa carinhosa com o filho, você tem condições de ta trabalhando e ta acompanhando o crescimento de uma criança. Eu acho assim, a não ser que você tenha uma vida* ***muito****, de trabalho muito louca assim, que não veja seu filho crescer, né?, que você não possa acompanhar o que tá havendo na escola, acompanhando as amizades, eu acho que dá perfeitamente* (V2 – solteira, sem filhos).

Contudo, elas acreditam que a chegada de um filho vai implicar em algumas mudanças em sua vida profissional, inclusive a diminuição da freqüência das viagens, como se pode ver na fala abaixo:

> *Eu acho que você tem que deixar sempre claro, pras pessoas do seu trabalho, que a sua família é muito impor... que o seu filho é muito importante, entendeu? Porque aí, se eu tiver filho, eu não posso mais viajar tanto, tipo assim, eu vou preferir, se puder preferir, eu fazer projetos aqui no Rio, ou então, de repente, pegar um outro tipo de trabalho dentro da empresa, mudar de área dentro da empresa, pra ficar mais aqui.* (V3 – casada, sem filhos).

Essas mudanças na vida profissional para um tipo de trabalho com horário mais fixo – isto é, que não envolva os finais de semana, viagens freqüentes e serões – têm sido objeto de reflexão de A2, casada e em licença-maternidade com uma filha de um mês:

> *Eu trabalhei a minha vida inteira bastante sem rotina. Hoje em dia eu já me questiono se eu quero isso pra mim, porque hoje em dia eu já prefiro talvez ter uma rotina pra conciliar a minha vida familiar... Talvez no meu ritmo de trabalho antes, hoje em dia, tendo minha filha, vai ser um pouco complicado.*

O mesmo tipo de preocupação passou pela cabeça de F3 (casada, com filha pequena) pouco antes do final de sua licença-maternidade:

> *Logo, um pouquinho antes de eu voltar a trabalhar eu fui procurar emprego. Porque eu falei ass..., "Ah, eu vou procurar uma coisa mais tranqüila, mais perto de casa, cuidar da minha família eee... eu fui fazer diversas entrevistas, eu tive algumas oportunidades, só que na hora que cê pára pra pensar e fala pô, acho que a gente mesmo se discrimina um pouco. Falei: "Puxa vida, eu vou trocar de emprego, vou pra uma empresa onde ninguém me conhece, onde vou ter que provar tudo de novo, com uma filha pequena..., talvez seja mais fácil eu ficar onde eu tô, onde todo mundo já sabe quem eu sou, já conhece meu trabalho, já sabe do que eu sou capaz". Então pra mim foi muito mais fácil ficar aqui do que de repente começar uma empreitada nova.*

Todas as outras entrevistadas com filhos, inclusive F3, tentam e acreditam estar alcançando um equilíbrio entre seus planos profissionais e sua família, buscando uma conciliação entre as intensas demandas do cargo que exercem nas empresas e as não menos intensas necessidades afetivas familiares. As formas de conciliação variam de não misturar família e trabalho (*De um tempo pra cá, eu busquei não levar trabalho pra casa*, F2 – casada, filhos adolescentes), a evitar trabalhar nos finais de semana para se dedicar à família ([Nos finais de semana que não trabalho]*Eu me dedico muito à minha filha durante o dia e durante a noite ao meu marido*, F3 – casada, filha pequena), a "ajustar as agendas" para ter um tempo de convivência (*O que a gente faz é tentar conciliar as agendas pra viajar junto, pra sair, pra jantar, pra fazer alguma coisa assim*, F1 – separada, filho adolescente), entre outras.

Além disso, elas acreditam que sua família admira sua realização profissional e, como ganham bem, podem compensar a ausência física em casa com recursos materiais que são empregados para melhorar a vida de todos os membros da família (*Eu acho que eles admiram a minha realização, o meu trabalho e valorizam o conforto que esse dinheiro adicional traz pra nós*, F2 – casada, filhos adolescentes).

A conciliação família-trabalho, contudo, é vista como difícil, especialmente quando se tem filhos pequenos, desencadeando, em alguns momentos, certo conflito, culpa e, principalmente, cobrança por parte da própria mulher por não poder acompanhar mais de perto a vida dos filhos, especialmente quando pequenos:

> *É difícil, a gente se cobra muito o fato de não tar em casa, de num, num ta vendo os filhos crescerem, de, pelo menos eu me cobro de não levar minha filha na natação, de num conhecer a pro-*

> *fessora da escola, é difícil, mas, acho que tem todo um lado profissional, que..., não é que compensa, mas que você sabe porque que você não tá ali* (F3 – casada com filha pequena).

Para F3, inclusive, essa cobrança vem da própria mulher e não das pessoas à sua volta, quer na família, quer no trabalho:

> *Eu acho que as mulheres se **cobram** mais. Eu não acho que as pessoas cobrem delas... Eu acho que é muito a **mulher** que se cobra pelo que a própria sociedade impôs a ela e não que a sociedade cobre isso dela.*

O ritmo intenso de trabalho, que inclui viagens freqüentes, afeta, segundo elas, a vida familiar, acarretando, muitas vezes, uma sobrecarga nos momentos em que estão em casa, como é o caso dos finais de semana:

> *Afeta sim, por estar distante da família, vai dar uma sobrecarga quando estiver em casa de atenção, de escutar, de gerenciar a casa, isso afeta, mas é algo que já é normal* (M1 – casada, com filhos adolescentes).

A sobrecarga a que elas estão submetidas pela rotina de trabalho, acrescida da atuação no espaço familiar, é mencionada por algumas entrevistadas como afetando também sua saúde, uma vez que dificulta o cuidado de si. Esta interferência, especialmente do trabalho na saúde, é enfatizada por M1 (casada, com filhos adolescentes), executiva de uma multinacional americana, cuja rotina na empresa envolve viagens freqüentes, muitas vezes para o exterior:

> [Afeta] *muito mal. Porque... primeiro, falta de tempo pra olhar pra mim mesma, não ter agenda pra ir a médico, porque se você vive viajando pra dentro e fora do Brasil, e se você passa a maior parte do seu tempo fora do Brasil, então você não tem tempo de estabelecer uma rotina.*

Já F3 (casada, com filha pequena) afirma que, apesar da rotina intensa – que inclui viagens freqüentes e trabalhos em alguns finais de semana – interferir em sua saúde física e mental, a ginástica na hora do almoço e o sorriso da filha ao chegar em casa fazem com que ela se recupere do cansaço:

> (Risos) *Ah, atrapalha. Acho que eu tô enlouquecendo* (mais risos). *A saúde física, eu faço ginástica na hora do almoço. A saúde mental, na hora que eu chego em casa minha filha sorri... zera a* (incompreensível) *e pronto. Tá pronta pra próxima.*

Apesar do trabalho desempenhar papel central na vida de nossas entrevistadas, o ideal de uma família bem estruturada e de uma casa bem organizada não foi deixado de lado, tanto pelas que ainda estão solteiras quanto pelas casadas, e a possibilidade de conciliação destas duas esferas de atuação foi considerada perfeitamente viável. No caso das entrevistadas que já têm uma família, o sucesso nessa conciliação é atribuído não só a uma "secretária" eficiente em casa, como também à participação, em maior ou menor grau, do companheiro, ainda que esta seja vista, na maioria das vezes, como uma ajuda. Cabe observar aqui que, mesmo quando elas inicialmente falam que, por causa do tipo de trabalho delas, muitas vezes os papéis acabam se invertendo "um pouco", como diz F3 (casada, com filha pequena), são muito comuns em seus discursos palavras como "suporte", "apoio", "delego", "culpa", o que manteria a responsabilidade pelos cuidados da casa em suas mãos:

> *Eu tenho o suporte que eu esperaria, entendeu? Eu acho que na nossa casa, pelo fato dele ter um horário* ***muito mais*** *flexível, acabou que os papéis se inverteram um pouco, ou seja, eu sou aquela pessoa que trabalho, que chego tarde e ele é a pessoa que tem horário mais flexível, então vai ao supermercado, cuida, cuida da casa, cuida da filha... Eu não cuido da minha casa, eu não vou ao supermercado, eu não faço a menor idéia do que vai ter pro jantar, eu delego isso total..., quer dizer, uma parte pra ele, uma parte pra empregada, que é uma pessoa ótima, que tá lá em casa há algum tempo. Enfim, ela é pró-ativa, ela vê lá o que tem pra fazer pro jantar e faz. Quando precisa de alguma coisa liga. Então eu tenho a minha vida assim em casa organizada de uma maneira satisfatória* (F3 – casada, com uma filha pequena).

A necessidade de participação do marido em casa, de ser um parceiro de verdade, também é mencionada pelas entrevistadas solteiras, como se pode ver na fala de V2 a seguir, que, logo adiante em seu discurso, afirma que esta divisão de tarefas não precisa ser necessariamente eqüitativa:

> [Um homem deve fazer] *tudo que a mulher faz. Tem que ser parceiro mesmo. Porque essa história de que os dois trabalham, chega em casa só a mulher trabalha, não é mole. Tem que dividir mesmo... você não precisa dividir tudo*

igualzinho; não precisa ter uma regra. Mas não dá pra você chegar em casa, um deitar no sofá, ficar vendo televisão e o outro ter que fazer o restante (V2 – solteira, sem filhos).

Considerações Finais

De maneira geral, podemos afirmar que as mulheres entrevistadas, com exceção de uma delas, atribuíram grande importância à maternidade. Contudo, a maioria delas apontou a estabilidade emocional e a independência financeira como pré-requisitos para a constituição de uma família. Para quase todas elas um relacionamento afetivo estável e, principalmente, a chegada dos filhos podem interferir na vida profissional da mulher, alterando, inclusive, suas prioridades.

As falas a respeito da melhor hora para se ter um filho foram contraditórias. Apesar da maioria das entrevistadas acreditar que é quando a mulher alcança alguma estabilidade – emocional e financeira –, aquelas que já tinham filhos quando iniciaram sua vida profissional assinalaram que este fato as beneficiou, porque elas puderam dar muita atenção aos filhos quando pequenos e investir mais na carreira quando eles estavam maiores e, portanto, mais independentes e necessitando menos dos cuidados da mãe. A necessidade de maiores cuidados por parte da mãe quando os filhos são pequenos foi, aliás, muito enfatizada por todas as entrevistadas. Para quase todas elas, no entanto, os filhos, mesmo pequenos, acabam se adaptando às circunstâncias.

Os resultados apontam, ainda, para uma tentativa, por parte de nossas entrevistadas de conciliar as intensas demandas do cargo que exercem nas empresas com as não menos intensas necessidades afetivas familiares. As formas de conciliação variam, mas, de modo geral, isto é realizado, pelo menos em parte, através da imposição a elas mesmas de certas restrições, como, por exemplo, não misturar família e trabalho, preservar seu lado pessoal, evitar trabalhar nos finais de semana, "ajustar as agendas" de modo a que os membros da família possam ter um tempo de convivência durante a semana, delegar tarefas, entre outras. Além disso, elas são motivo de admiração e orgulho para sua família e acreditam poder compensar a ausência física em casa com recursos materiais – possibilitados pela boa remuneração que recebem –, que são empregados na melhoria das condições de vida de todos. Cabe acrescentar, aqui, que, segundo uma das entrevistadas, a dificuldade de conciliação carreira-família é, em grande parte, culpa da própria mulher que cobra demais de si própria tanto em casa quanto no trabalho.

A maioria das entrevistadas apontou aqui para a necessidade de se delegar tarefas, não só no trabalho como também em casa, para dar conta de toda a sua intensa agenda profissional e familiar diária. E aqui, cabe acrescentar que, como executivas, elas não vêem dificuldades em fazer um bom planejamento e organizar bem sua casa, nos moldes em que se estruturam na empresa. Assim, em casa, elas contam com, ou buscam a ajuda de uma boa empregada, um marido compreensível e, muitas vezes, da mãe ou sogra.

De qualquer modo, a atuação do homem no espaço doméstico – mesmo quando elas atribuem a ele um grande número de tarefas – continua a ser vista como uma ajuda. Ou seja, eles não compartilham tarefas; a mulher "delega" tarefas ao marido. Esta responsabilidade da mulher assume caráter mais especial ainda no que diz respeito aos filhos.

Para concluir, podemos dizer que o desafio da mulher carioca de classe média nos dias atuais parece ainda estar ligado à questão da "dupla jornada" de trabalho que ela continua a impor a si mesma. Assim sendo, elas são obrigadas a se dividir e multiplicar para dar conta de seus inúmeros compromissos cotidianos, em casa e no trabalho. Contudo, conciliar – com o nível de excelência que ela cobra de si própria nas suas duas esferas de atuação, a casa e o trabalho, conforme apontado pelas entrevistadas – as tarefas domésticas, a educação dos filhos e a atenção aos companheiros, e, ainda, se preocupar com o aperfeiçoamento e a atualização profissionais e o bom desempenho no emprego, além de desvantajoso para o plano de carreira de qualquer um é altamente desgastante.

A despeito do cansaço físico e dos muitos conflitos internos, no entanto, as mulheres de classe média têm seguido em frente, tirando sua força das muitas satisfações encontradas ao longo de seu ainda difícil percurso nos espaços público e privado, inclusive daquelas velhas satisfações compartilhadas por suas antepassadas, decorrentes do exercício da maternidade. Parece, portanto, que a "mística" da maternidade permanece. Como disse uma de nossas entrevistadas, todo o seu estresse mental desaparece, num "passe de mágica" com o sorriso de sua filha: "Acho que eu tô enlouquecendo. A saúde física, eu faço ginástica na hora do almoço. A saúde mental, na hora que eu chego em casa, minha filha sorri, zera".

REFERÊNCIAS BIBLIOGRÁFICAS

CROSBY, F. J. *Relative deprivation and working women.* New York: Oxford University Press, 1982.

CROSBY, F. J. The denial of personal discrimination. *American Behavioral Scientist*, 27 (3), 371-86, 1984.

FERREIRA, M. C. Os estereótipos de gênero como constructos dinâmicos. *Anais do VIII Simpósio Brasileiro de Pesquisa e Intercâmbio Científico.* Serra Negra, São Paulo, p.136, 2000.

FIGUEIRA, S. 'O "moderno" e o "arcaico" na nova família brasileira: notas sobre a dimensão invisível da mudança social.' *In:* FIGUEIRA, S. (Org.) *Uma nova família? O moderno e o arcaico na família de classe média brasileira*. Rio de Janeiro: Zahar, 11-30, 1986.

HALL, S. *Identidades culturais na pós-modernidade*. Trad. T.S. Tomaz & L.L. Guacira. Rio de Janeiro: DP&A Editora, 1997.

ROCHA-COUTINHO, M. L. Educação e violência simbólica nas megacidades. *Revista Tempo Brasileiro*, 120 (43/56), 25-34, 1995.

ROCHA-COUTINHO, M. L. "A análise do discurso em psicologia: algumas questões, problemas e limites". *In:* SOUZA, L. de; QUINTAL DE FREITAS, M. F.; RODRIGUES, M. M. P. (Orgs.) *Psicologia: reflexões (im)pertinentes*. São Paulo: Casa do Psicólogo, 1998.

ROCHA-COUTINHO, M. L. Dos contos de fadas aos super-heróis: mulheres e homens brasileiros reconfiguram identidades. *Psicologia Clínica*, 12 (2), 65-82, 2000.

SCHWARTZ, F. N. Management women and the new facts of life. *Harvard Business Review*, 89 (1), 65-76, 1989.

TSUI, A. S.; GUTEK, B. A. A role set analysis of gender differences in performance, affective relationships, and career success of industrial middle managers. *Academy of Management Journal*, 27, 619-35, 1984.

QUANDO SER DOENTE TORNA-SE UM MODO DE VIDA: CONSIDERAÇÕES PSICOSSOCIAIS SOBRE AS SOMATIZAÇÕES FEMININAS

Maria Inácia D´Avila Neto

Cristiana M. A. Baptista

Sandra Fortes

Manifestar de forma física o sofrimento mental tem sido uma das maneiras mais tradicionais de comunicar sofrimento. Relatos de queixas somáticas para as quais não se verifica patologia orgânica são recorrentes, ao longo da história, desde a época dos antigos gregos e egípcios. As queixas de membros doloridos, dores por todo corpo e outras perturbações receberam inúmeras explanações que vão desde concepções sobre os deslocamentos do útero feminino ao conceito freudiano de histeria. No século passado Charcot já havia demonstrado que também os homens padeciam desses sintomas, mas os quadros histéricos permaneceram associados às mulheres que, via de regra, são ainda hoje identificadas como "poliqueixosas", "nervosas", "pitiáticas" ou "peripáquicas", dentre outros adjetivos depreciativos.

Pacientes com queixas físicas sem base orgânica sempre geraram desconforto para os médicos, dificultando o estabelecimento de uma relação médico-paciente positiva. Exigem a decifração de seus sintomas em reiterados pedidos de mais exames. Os médicos tentam persuadi-los de que "não têm nada". Para os psicólogos e psiquiatras o maior obstáculo é justamente o tratamento. Pacientes somatizadores em geral não aceitam explicações psicológicas para seu mal-estar e freqüentemente retomam a rotina de consumo excessivo de serviços médicos, ou *doctor shopping*.

Segundo Fortes, Botega e Brasil (2001), a própria nosologia psiquiátrica tem dificuldade de acomodar esses indivíduos dentro de suas classificações. Termos como "histeria", "hipocondria", "distúrbio neurovegetativo" ou "funcional" têm sido usados com conotações variadas para explicitar uma série de condições. Somente nestas últimas duas décadas o fenômeno da somatização vem sendo estudado mais sistematicamente, tanto como um transtorno psiquiátrico, dentro da nova categoria diagnóstica dos Transtornos Somatoformes, quanto como um fenômeno mais abrangente que inclui, mas não se restringe, às classificações psiquiátricas oficiais. A classificação de somatização como transtorno psiquiátrico é ainda confusa e não há uma uniformidade diagnóstica mesmo entre as principais classificações nosológicas existentes (DSM-IV e CID-X)[1].

Considerando-se a somatização como um processo mais amplo, o conceito engloba formas de expressão de conflitos psicológicos, idiomas sociais de insatisfação, posicionamento no sistema local de poder através do papel de doente, um meio de protesto (Kirmayer, 1998), uma tática feminina utilizada para manipular e controlar o comportamento alheio (Rebhun, 1993), uma estratégia de sobrevivência, utilizada por grupos *desempoderados* para resistir e denunciar um sistema social injusto e opressor (Scheper-Hughes, 1987).

[1] DSM-IV: *Manual Diagnóstico e Estatístico de Transtornos Mentais* (DSM-IV), 4a ed., American Psychiatric Association.

CID-X: *Classificação Estatística Internacional de Doenças e Problemas Relacionados à Saúde*, 10ª Revisão, OMS.

O processo saúde-doença depende das interações contínuas entre corpo e mente, entre indivíduo e meio social. Pensamentos e emoções são dimensões desse processo e precisam ser consideradas. Inicialmente vinculada à Psicossomática tradicional, a somatização é atualmente concebida como *"a tendência para experienciar e comunicar distúrbios somáticos sem fundamento orgânico, atribuí-los a doenças físicas e procurar ajuda médica para eles"* (Lipowski, 1988). Esta concepção designa tanto uma forma de apresentação de vários tipos de doença mental como uma experiência comum e universal de expressar tensões psicológicas e sociais, estando associada ou não a transtornos psiquiátricos.

No sentido psiquiátrico estrito, ou *transtorno de somatização,* refere-se à presença de múltiplos sintomas somáticos de longa duração sem explicação médica e um comportamento de busca freqüente por atendimento. A diferença entre a categoria nosológica *transtorno de somatização* e somatização como forma de apresentação de diversas doenças mentais não esgota a importância deste conceito para a compreensão das formas de organização do sofrimento emocional. Embora a prevalência do grupo de *transtornos somatoformes* seja baixa na população geral, as somatizações são bastante prevalentes quando se utiliza um critério menos restritivo.

O sofrimento emocional é, de modo geral, acompanhado de alguma forma de alteração somática. O que difere de uma pessoa ou grupo para outro é a escolha de uma linguagem – "somatizante" ou "psicologizante" – como forma prioritária de comunicação. Este fato é determinado em grande parte por códigos sociais e familiares. Em muitas sociedades a somatização é a forma de comunicação social predominante para revelar as dificuldades da vida. A expressão de sentimentos individuais e autocêntricos é rejeitada, incentivando-se a harmonia das relações sociais e privilegiando os idiomas somáticos em vez de manifestações públicas e subjetivas dos afetos (Kleinman,

1985;1986). Vivenciados corporalmente, os sentimentos são expressos e interpretados de forma mais sutil, indireta, global.

A prevalência da somatização no Ocidente foi mais intensa antes do advento de um idioma de perturbação mais psicológico que se desenvolveu, principalmente no último século, a partir dos conceitos de Freud. Segundo Duarte (1998), a contínua fragmentação dos saberes e a acentuada divisão entre o mundo público e o privado, levaram a novas formas de organização social, à valorização da esfera pública – ou dos aspectos sociais e culturais – e ao abandono progressivo, pelas ciências médicas, dos antigos conhecimentos *holistas*. Conseqüentemente, houve uma reificação das doenças e medicalização do sofrimento humano, perdendo-se a totalidade da experiência do adoecer (Scheper-Hughes e Lock, 1987). Desde então, o afeto é vivenciado como experiência psicológica profunda e racionalizado em emoções bem discriminadas, tais como ansiedade, depressão ou raiva, antes percebidas como experiências corporais. Ao mesmo tempo, coube unicamente ao doente a responsabilidade por sua própria enfermidade.

Com base na psicanálise, surgiram os primeiros ensaios em Medicina Psicossomática, que reconheciam certas doenças como essencialmente "psicossomáticas". Dentro da visão da Psicossomática atual, no entanto, não existe um tipo exclusivo de distúrbio psicossomático, mas situações particulares nas quais os fatores psicossociais atuam, desencadeando, causando ou agravando a condição clínica (Mello Filho, 1992). Sob esta perspectiva, o adoecer é um processo no qual os aspectos psicossociais estão presentes em qualquer doença.

Todavia, ainda não se conseguiu criar um vocabulário adequado para lidar com as interações mente-corpo-sociedade. Novas categorias descritivas têm sido propostas, visando minimizar os efeitos de conceitos fragmentados como psicossomático, biossocial, para descrever o que ocorre quando a mente se expressa somaticamente ou quando o social se inscreve no corpo (Scheper-Hughes e Lock, 1987). Um exemplo é a distinção entre doença (*disease*), que se refere às disfunções que ocorrem no organismo, e adoecimento (*illness*), a experiência subjetiva e suas repercussões nas relações sociais e familiares, ou a resposta adaptativa que aprendemos através de nossa vivência em uma determinada cultura (Eisenberg, 1977). Embora a formulação de conceitos como esses tenha facilitado a comunicação entre médicos e cientistas sociais, isso não resolveu a questão, pois a medicina acabou reivindicando ambos os aspectos para o seu domínio. Como resultado, a dimensão humana do adoecimento foi "*...medicalizada e individualizada, em vez de politizada e coletivizada*", numa tendência de "*...transformar o social no biológico*" (Scheper-Hughes, 1987, p.10).

A alienação dos aspectos mentais do adoecer pela medicina ocidental trouxe inúmeras conseqüências negativas e impediu, dentre outras coisas, a compreensão do que significa estar doente, o que os sintomas querem dizer, o que os sofrimentos desejam comunicar. Também a psicanálise tentou dar conta da dimensão subjetiva do adoecimento, porém, não chegou a superar a dicotomia mente-corpo, na medida em que atribuiu uma causalidade psíquica para os sintomas físicos dos somatizadores, explicando-os como uma forma de defesa contra a conscientização de emoções perturbadoras. Reconhece-se atualmente que o adoecer não pode ser analisado senão de uma perspectiva interdisciplinar, pois, sendo determinado por diversos fatores, qualquer ensaio de abordá-lo desde um deles resultaria na compreensão fragmentada do fenômeno. Os ensaios para acomodar – ou "disciplinar" – o conceito de somatização dentro das classificações diagnósticas revelam quão distantes ainda estamos de um modelo que integre psique e soma, indivíduo e sociedade, nas mais diferentes maneiras de adoecer e comunicar sofrimento.

Segundo Barsky (1995), a somatização tem se elevado nos últimos anos, estimulada pela medicalização, causando despesas incalculáveis ao sistema de saúde. O crescimento da indústria médico-farmacêutica promove uma ideologia médica e a transforma em demanda dos consumidores por serviços e produtos médicos. Campanhas educativas alertam o público sobre sintomas precoces de doenças graves. O público, cada vez mais alarmado e preocupado com sinais e sensações físicas que possam traduzir-se em patologia, busca cuidados médicos para desconfortos físicos benignos, que são então amplificados e renomeados. Em decorrência disso, há um número crescente de condições, cuja base médica e estatuto científico ainda não foram esclarecidos. Esse é o caso das ditas *síndromes somáticas funcionais,* um termo "guarda-chuva" para queixas somáticas com ausência de alterações orgânicas, que parecem estar relacionadas às formas mais comuns de somatização crônica.

Entender os determinantes das somatizações crônicas (Garcia-Campayo, 2001; Kirmayer, 1991) ainda é uma pergunta sem respostas definitivas. Enquanto as somatizações agudas são geralmente formas de apresentação de transtornos mentais comuns como ansiedade e depressão, determinadas em grande parte por códigos sociais e familiares, em que a verbalização do sofrimento emocional pode ser rapidamente obtida, nas somatizações crônicas se verifica a existência de alterações ao longo de toda vida da pessoa. Esses pacientes apresentam, muitas vezes desde muito jovens, uma adesão a uma identidade de doente, uma dificuldade de lidar com conflitos, exigências e responsabilidades, sentindo-se fracos e impotentes, vivência esta relatada através de queixas somáticas de "fraqueza", "dor", "cansaço".

Dentre as *síndromes somáticas funcionais* mais comuns, podemos encontrar vários subtipos de dor crônica tais como fibromialgia, dor pélvica atípica e dor torácica atípica. Os diversos pontos de coincidência entre fibromialgia, outras síndromes funcionais e o fenômeno da somatização, além do fato de não se terem ainda encontrado alterações anatomoclínicas para caracterizá-las, deixam mais questões do que respostas quanto ao processo etiológico subjacente a esses casos. Fatores psicossociais desempenham um papel relevante na manutenção e progressão rápida dos sintomas, com grande impacto na qualidade de vida de seus portadores (Ford, 1997). Uma investigação sobre os papéis de gênero faz-se também necessária, tendo em vista que a somatização é mais freqüente em mulheres e que a fibromialgia se caracteriza como uma síndrome quase exclusivamente feminina.

Diferentes pesquisas elaboradas a partir de uma perspectiva de gênero têm demonstrado que mulheres ocidentais adoecem mais física e mentalmente e utilizam serviços médicos e hospitalares em níveis muito mais elevados que os homens (Verbrugge, 1980; 1981), sugerindo a existência de uma maior debilidade física e predisposição ao adoecimento. Essas características seriam conseqüência de vivências diferenciadas do papel de gênero. Segundo Nathanson (1975), as mulheres relatariam mais doenças porque o adoecimento é socialmente aceito para as mulheres e o papel de doente se ajusta melhor aos outros papéis e responsabilidades femininas. Enquanto para os homens esse papel é mais estigmatizante, as mulheres adoecem com maior freqüência em função do papel social mais extenuante que desempenham. Os estressores sociais sobre os papéis femininos dariam origem aos problemas emocionais das mulheres, que têm de desempenhar papéis mais frustrantes, dispõem de menos recursos alternativos gratificantes fora da família, empregos menos satisfatórios e trabalho doméstico invisível e não-estruturado. Isso resultaria em tempo livre o suficiente para "ruminarem" seus problemas.

As mulheres se queixam mais de sintomas gerais, mentais e de "nervoso" (Verbrugge, 1980; 1981). Sintomas somáticos funcionais, desde longa data, foram associados às mulheres, apesar de que os homens, também, sempre os tivessem apresentado. Nas pesquisas de Escobar (1987; 1989) mulheres hispânicas apresentam muito mais sintomas somáticos que os homens. Outras evidências foram encontradas no que concerne às diferenças fenomenológicas entre homens e mulheres somatizadores, que se dividem em dois grupos: os *somatizadores diversiformes*, que teriam tido muitas enfermidades breves e queixas mais diversificadas, onde predominavam as mulheres; e um grupo mais característico de homens, os *somatizadores astênicos*, que seriam aqueles com menos variedade de queixas, mas por outro lado, sofreriam de condições crônicas como a fraqueza e a fadiga.

Nas pesquisas citadas por Wool e Barsky (1994), pacientes com queixas somáticas inexplicáveis, encaminhados para consultas psiquiátricas, recebiam um diagnóstico de *histeria* quando nenhum outro diagnóstico fosse possível. Todos, surpreendentemente, eram mulheres jovens e que se queixavam de um grande número de sintomas, muitos dos quais seriam hoje classificados como depressivos ou ansiosos. Em um outro estudo, os mesmos pesquisadores examinaram um grupo de homens que haviam recebido um diagnóstico de *neurose de compensação*, cujos sintomas, semelhantes aos apresentados pelas participantes da primeira pesquisa, estariam relacionados aos esforços empreendidos para conseguir recompensa.

Embora as pesquisas sobre as diferenças de gênero na somatização não sejam conclusivas, parecem apontar para a predominância de sintomas funcionais nas mulheres. De qualquer maneira, alguns mecanismos contribuem para o surgimento desse fenômeno: a disposição em admitir desconforto, prontidão para buscar auxílio médico, prevalência de transtornos psiquiátricos acompanhados de sintomas somáticos, diferenças inatas entre homens e mulheres com relação ao limiar, tolerância e sensibilidade às sensações corporais, bem como diferenças nos padrões de relação.

Uma Experiência de Grupo com Somatizadoras Crônicas

Nos serviços de Clínica de Dor são muito freqüentes os pacientes com diagnóstico clínico de *fibromialgia*, uma síndrome crônica, que acomete principalmente mulheres, numa proporção de 9 mulheres para cada homem, caracterizada por queixa dolorosa músculo-esquelética difusa e pela presença de pontos palpáveis hipersensíveis e dolorosos à pressão, em regiões anatomicamente determinadas. Sintomas como fadiga, rigidez muscular, parestesias, alterações do sono, perda de concentração, cólon irritável e cefaléia encontram-se geralmente presentes, assim como transtornos psiquiátricos, principalmente depressão e ansiedade. O quadro de dor crônica conjuga-se com um histórico de peregrinações médicas, dificuldade de abordar problemas na esfera psicossocial e uma forte tendência de fazer da condição de doente um estilo ou "modo de vida" (Ford, 1995). Inúmeros trabalhos têm demonstrado que pacientes somatizadores respondem melhor a intervenções grupais (Garcia-Campayo, 2001; Fortes, S. *et. al.*, 2002b). O grupo permite uma melhor elaboração dos conflitos psíquicos e dos problemas psicossociais através de mecanismos como identificação com os pares como forma de elaboração de suas dificuldades (Fortes *et al.*, 2003).

Na Clínica de Dor do Hospital Universitário Pedro Ernesto/ UERJ[2] identificamos um padrão de comportamento bastante freqüente em pacientes com dor crônica e somatização associada: autoconceito de pessoa fraca e incapaz de lidar com estresse, in-

[2] Cristina Baptista, responsável por um grupo, é doutoranda do EICOS, orientada por Maria Inácia D´Avila.

capacidade de lidar e elaborar com sentimentos negativos, tendência a fazer atribuições patológicas e catastróficas, com permanente foco de atenção nos processos corporais, que são experimentadas como perturbadores (Baptista, Fortes e Telles, 2002a). São pessoas que usualmente experimentam numerosos e variados sintomas físicos em resposta a estressores emocionais e sociais, interpretam de forma distorcida as sensações corporais comuns, interpretando-as como evidência de doença física, identificam-se com pessoas enfermas na família e, muitas vezes, recebem reforço familiar ao papel de doente, com aparentes ganhos secundários.

Há três anos, convidamos algumas pacientes com essas características para participar de um trabalho de grupo que foi concebido nos moldes das intervenções psicossociais em comunidades (Maciel e D´Ávila, 1995; D´Ávila, 1994; 1995a). Optou-se por esse tipo de abordagem em função das características das participantes e das dificuldades sociais e de gênero que apresentavam. O grupo é aberto e permanente, com reuniões semanais e freqüência média de 15 participantes. O objetivo principal é a conscientização/*empoderamento* dos membros, através de uma reflexão crítica da realidade como vivenciada no cotidiano (*cf.* D´Avila e Pires, 2000). O termo *empoderamento* tem um caráter estratégico e visa a ação: a obtenção de um maior poder na tomada de decisão nas situações e inter-relações nas quais as mulheres detêm pouco ou nenhum controle ou autonomia. Partimos, portanto, da idéia de que discussões críticas sobre a condição feminina capacitaria as participantes para fazer uma *mudança de agenda*, no sentido utilizado por Goldberg (1992), ou seja, a "decodificação" dos sintomas físicos, atribuindo-lhes novos significados. As queixas somáticas, uma forma sub-reptícia de protesto, seriam, assim, traduzidas não só em linguagem verbal, que revelaria sentimentos de frustração e impotência, mas também na construção de uma representação pessoal e social alternativa. A organização do grupo seguiu um critério de autogestão: as próprias participantes decidem sobre a condução do grupo e escolhem as atividades e dinâmicas a serem realizadas. O trabalho foi construído a partir de *feedback* constante entre facilitador/pesquisador e grupo. Treino de relaxamento, dramatizações, discussão de temas-chave são algumas das dinâmicas utilizadas.

Sabemos hoje que as experiências traumáticas e de abuso físico ou sexual, principalmente se ocorridas na infância, associadas a uma incapacidade de elaboração de tais eventos, predispõem à somatização. Uma sensação generalizada de incapacidade e des-*empoderamento* (*empowerment*) em situações contínuas de impotência e submissão levariam à cronificação de um comportamento somatizador. Principalmente, nos casos mais graves de vitimização, perseguição política ou tortura, como os descritos por Waitzkin (1997), os eventos traumáticos são vividos como narrativas terríveis e incoerentes que não podem ser vivenciados na consciência. A utilização de técnicas narrativas como forma de reelaboração dessas vivências tem sido proposta como forma de auxiliar as vítimas na decodificação de seus sintomas, desenvolvendo a habilidade de associar o sofrimento físico aos problemas psicossociais, atribuindo novos significados às experiências traumáticas e inserindo-as como "texto" coerente em suas histórias de vida.

As discussões em grupo revelaram questões importantes sobre suas experiências de vida. Percebemos, através de seus relatos, que o papel de doente muitas vezes serve para encobrir sentimentos de fracasso, raiva e dor, bem como forma de resistir e controlar o ambiente. Seus sintomas, usados conscientemente ou não, representam um comentário sobre a vida social e servem ao propósito de denunciar condições sociais de desigualdade e opressão. Pode-se deduzir que para essas pessoas, e não só as vítimas de abuso e tortura citadas por Waitzkin (1997), os eventos e circunstâncias de suas vidas são como narrativas inconcebíveis que não podem senão ser evocadas ou reveladas como sintoma físico "sem explicação" anatomopatológica.

A partir desses pressupostos, decidimos que o enfoque do grupo deveria priorizar as "narrativas de sofrimento" das pacientes. Acreditamos que esse tipo de abordagem possa ser útil também para pacientes com outros quadros crônicos associados à somatização. Parece-nos, ainda, principalmente indicado para aqueles cuja condição de des-*empoderamento*, seja em decorrência das dificuldades psicossociais e econômicas, seja em função das imposições de gênero, predispõe à adoção de um comportamento de doente. Não por opção, mas, talvez, como única estratégia encontrada para garantir um domínio de situações sobre as quais não têm poder e, assim, enfrentar as adversidades de suas vidas.

Apesar de se tratar de um projeto piloto, ainda em fase de construção, os resultados obtidos com o trabalho de grupo, até o presente momento, indicam que este tipo de intervenção é favorável à promoção de um repertório mais amplo de comportamentos frente ao estresse psicossocial e ao sofrimento emocional de pacientes somatizadores. A partir da construção de uma "narrativa" comum, resultado de um longo processo de reflexão e elaboração sobre a condição feminina, as participantes vêm conseguindo transformar seus padrões relacionais e encontrar uma melhor qualidade de vida.

REFERÊNCIAS BIBLIOGRÁFICAS

BAPTISTA, C.; FORTES, S.; TELLES, C. Somatização em Clínica de Dor: uma experiência de grupoterapia para pacientes com fibromialgia. *Anais do XX Congresso Brasileiro de Psiquiatria*, Florianópolis, 16-19 out. 2002, p. 410.

BARSKY, A. J.; BORUS, J. Somatization and Medicalization in the Era of Managed Care. *JAMA*, vol. 274, nº 24, 1995.

CAMPAYO, J.G.; CARRILLO, C.S. Efectividad de la Psicoterapia Analítica Grupal en Enfermos Somatizadores. Tese de Mestrado, Universidad de Deusto, Espanha. *II Congresso Virtual de Psiquiatria - Interpsiquis*, fevereiro-março, 2001.

D'AVILA NETO, M.I. Mulheres Brasileiras. Memórias Mutiladas. *Documenta EICOS* nº 4. Rio de Janeiro: UFRJ/ EICOS, 1994.

____________ "As Representações do Corpo Feminino na Sociedade Brasileira." *In: Psicologia e Práticas Sociais*. Rio de Janeiro: UERJ, vol. (2)1, 1995a, pp. 91-98.

D´AVILA NETO, M.I.; MACIEL, T. "Comunities and Participation: Challenges for Research and Action in Pantanal." *In:* D' AVILA NETO. (Org.) *Social Development, Challenges and Strategies.* Rio de Janeiro: UNESCO/UFRJ/EICOS, 1995, pp.197-216.

D'AVILA NETO, M.I.; PIRES, C. "Empowerment or Power-Sharing? Considerations based on Gender Equity Research in Brazil." *In:* KEARNEY, M. L. (Ed.) *Women, Power and Academy.* New York: Berghan Books, 2000.

DUARTE, L. F. Pessoa e Dor no Ocidente: O "Holismo Metodológico" na Antropologia da Saúde e da Doença. *Horizontes Antropológicos. Corpo, Doença e Saúde.* Porto Alegre, ano 4, nº 9, 1998, pp. 13-28.

EISENBERG, L. Disease and Illness: Distinctions Between Professional and Popular Ideas of Sickness. *Culture Medicine and Psychiatry* 1 (1), 1977, pp. 9-23.

ESCOBAR, J. *et al.* Somatization in the Community. *Archives of General Psychiatry* (44), 1987, pp. 713-718.

FORD, C.V. Somatization and Fashionable Diagnoses: illness as a way of life. *Scand J Work Envir Health*, 23 (3), 1997, pp. 7-16.

FORTES, S.; BOTEGA, N.; BRASIL, M. "Somatização." *In:* BOTEGA, N. (Org.) *Prática Psiquiátrica no Hospital Geral: interconsulta e emergência*. Porto Alegre: Artmed, 2002a.

FORTES, S.; BAPTISTA, C. *et al.* Group Therapy with Somatizing Patients: overview of the Brazilian experience. Apresentação no congresso Somatoform Disorders: new approaches to classification and treatment. Marburg, Alemanha, 2002b.

GOLDBERG, D. "The Management of Medical Out-Patients with Non-Organic Disorders: the re-attribuition model." *In:* CREED, F.; MAYON, R.; HOPKINS, A. (Ed.) *Medical Symptoms not Explained by Organic Disease*. London: Royal College of Psychiatrists, 1992.

KIRMAYER, L.J.; YOUNG, G.A. Culture and Somatization: Clinical, Epidemiological and Ethnographic Perspectives. *Psychosomatic Medicine* (60), 1998, pp. 420-430.

KIRMAYER, L. J.; ROBBINS, J. M. Three Forms of Somatization in Primary Care: prevalence, co-occurrance and sociodemographic characteristics. *Journal of Nervous Mental Disorder*, 179, 1991, pp. 647-655.

KLEINMAN, A.; KLEINMAN, J. "Somatization: the Interconnections in Chinese Society Among Culture, Depressive Experience and the Meanings of Pain." *In:* KLEINMAN, A; GOOD, B. *Culture and Depression: Studies in the Anthropological and Cross-Cultural Psychiatry of Affect and Disorder.* Berkeley: UC Press, 1985.

KLEINMAN, A. *Social Origins of Stress and Disease: depression, neurasthenia, and pain in modern China.* New Haven: Yale University Press, 1986.

LIPOWSKI, Z. J. Somatization: a Borderlan Between Medicine and Psychiatry. *Canadian Medical Associaton Journal*, 135(6), 1986, pp. 609-614.

LIPOWSKI, Z. J. Somatization: The Concept and its Clinical Application. *American Journal of Psychiatry*, dezembro, 1988, pp. 1358-1368.

MACIEL,T.; D´AVILA NETO, M.I. "Comunidades e Participação: Desafios para Pesquisa e Ação. O caso do Pantanal." *In:* D'ÁVILA NETO, M.I. (Ed.) *Desenvolvimento Social, Desafios e Estratégias*, vol. 2. Rio de Janeiro: UNESCO/UFRJ/EICOS, 1995.

MELLO FILHO, J. "Conceituação." *In:* MELLO FILHO, J. (Org.) *Psicossomática Hoje*. Porto Alegre: Artes Médicas, 1992.

REBHUN, L.A. Nerves and Emotional Play in Northeast Brazil. *Medical Anthropology Quarterly*, 7 (2), 1993, pp. 131-151.

NATHANSON, C. A. Illness and the Feminine Role: A Theoretical Review. *Social Science & Medicine* 9 (2), 1975, pp. 57-62.

SCHEPER-HUGHES, N.; LOCK, M. The MindfulBody: A Prolegomenon to Future Work in Medical Anthropology. *Medical Anthropology Quarterly*, vol. 1, 1987, pp. 1-40.

VERBRUGGE, L.M. Sex Differences in Complaint and Diagnoses. *Journal of Behavioral Medicine* 3(4), 1980, pp. 327-55.

VERBRUGGE, L.M.; STEINER, R.P. Physician Treatment of Men and Women Patients: Sex Bias or Appropriate Care? *Medical Care* 19 (6), junho 1981, pp. 609-32.

WAITZKIN, H.; MAGAÑA, H. The Black Box in Somatization: unexplained physical symptoms, Culture, and Narratives of Trauma. *Soc. Sci. Med.,* vol. 45(6), 1997, pp. 811-825.

WOOL, C. A.; BARSKY, A. J. Do Women Somatize More than Men ? Gender Differences in Somatization. *Psychosomatics* 35 (5), 1994, pp. 445-52.

HOMENS E MULHERES: LIMITES PARA O CONTROLE E PARA A LIBERDADE – O PROBLEMA DA TRANSMISSÃO

Ana Maria Szapiro

Sonia Maria Batista da Silva

Este artigo analisa as diferenças de comportamento entre homens e mulheres diante de fatores relacionados à exposição ao risco em uma população atendida no Centro de Testagem e Aconselhamento em HIV/AIDS do Hospital S. Francisco de Assis da Universidade Federal do Rio de Janeiro.

Essas diferenças estão diretamente relacionadas não só aos valores socioculturais dos indivíduos e constituem, fundamentalmente, suas referências, do ponto de vista dos lugares que cada cultura designa para as identidades de gênero. O artigo procura destacar as estratégias usadas por cada uma das pessoas para confrontar-se com as normas do discurso preventivista, considerando que este discurso, legitimando-se no discurso médico, não consegue se sobrepor aos comportamentos fortemente marcados na cultura. Esta oposição dá origem a um constrangimento que o sujeito vive diante das recomendações contidas nas práticas preventivas relacionadas ao HIV/AIDS. Evitar a contaminação pelo vírus coloca em questão valores conquistados nas últimas décadas do século XX, como aqueles relativos às práticas sexuais que a sociedade contemporânea propõe que sejam igualitárias entre homens e mulheres.

Fazendo parte do ideário individualista que caracteriza as sociedades modernas (Dumont,1983), a igualdade entre gêneros produziu-se pela maximização da crença na autonomia e na liberdade, compreendida como livre arbítrio, (Arendt, 1972), ambos constituindo-se como referências centrais para todos, homens e mulheres.

O advento da AIDS traz um conflito ao ideário libertário. De fato, às mudanças nos comportamentos de gênero que emergiram pós anos sessenta em direção à luta pela igualdade entre os gêneros (Szapiro, A.M. 1998), sucedeu-se um elenco de discursos médicos prescritivos quanto aos comportamentos, principalmente na esfera da sexualidade. Estes discursos têm, nos sujeitos, um efeito de des-simbolização quando propõem um código de comportamentos ancorado na racionalidade do saber científico, abordando a sexualidade como uma questão biológica.

A dificuldade e mesmo a distância que se observam entre a consciência do risco que foi adquirida racionalmente e a efetiva mudança de comportamento esperado é uma forma de expressão deste conflito. Relativizar o risco, não reconhecê-lo como tal ou ainda assumi-lo como inevitável são, nesse sentido, atitudes freqüentemente encontradas. Na verdade, as sociedades de risco são também sociedades de escolha. Portanto, as pessoas se sentem livres, inclusive para escolher o risco. Com relação ao HIV/AIDS, a liberdade de escolha, valor constitutivo do sujeito moderno (Szapiro, A.M., *op. cit.*) é o outro do discurso da prevenção.

Metodologia

Nesta pesquisa procedemos a um estudo seccional em uma amostra de 1038 indivíduos. Esta população foi atendida no ano de 2001 e os dados correspondem às respostas dadas nos questionários padronizados utilizados nas consultas de aconselhamento do serviço.

O universo analisado é composto de indivíduos sexualmente ativos – indivíduos que declararam ter mantido algum tipo de relação sexual recente. Este universo corresponde a homens e mulheres na faixa etária entre 15 e 29 anos, num total de 367 homens e 671 mulheres. Destas, 400 são gestantes.

Selecionamos para análise, de acordo com os objetivos já descritos, os seguintes indicadores: escolaridade, estado conjugal, ocupação, origem da clientela, motivo da realização do teste anti-HIV e exposição ao risco. Para este último, destacamos, como indicadores de exposição ao HIV/AIDS, cinco categorias de exposição: 1. tipo de parceria / orientação sexual, 2.número de parceiros no último ano, 3.tipo de exposição, 4.uso de preservativo com parceiro fixo, 5.uso de preservativo com parceiro eventual e 6. soroprevalência.

Esta pesquisa obedece aos princípios éticos contidos na Declaração de Helsinki, da World Medical Association e demais legislações específicas, preservando inteiramente o sigilo sobre as informações relativas à identificação dos indivíduos pesquisados.

Resultados e Discussão

Escolaridade: os homens apresentam um nível de escolaridade superior ao das mulheres: do universo pesquisado, 46,86% dos homens chegaram ao ensino médio e 36,24% ao ensino fundamental. Na população de mulheres 46,05% chegaram ao ensino fundamental e 42,02% ao ensino médio.

Estado conjugal: 70,84% dos homens são solteiros e 24,79% são casados, enquanto 52,60% das mulheres são casadas e 41,72% são solteiras, ressaltando-se que, do universo das mulheres, 59,06% são gestantes.

Ocupação: no momento da entrevista pré-teste, 67,41% dos homens tinham ocupação, estando inseridos no mercado de trabalho formal ou informalmente e 18,25% declararam não ter ocupação. No universo das mulheres, 37,10% tinham algum tipo de trabalho, seguidas de 35,02% que se declararam "do lar".

Origem da clientela: 45,50% dos homens chegaram ao CTA por iniciativa própria, a partir de informações sobre o serviço obtidas com amigos e/ou com usuários do serviço. Quanto à população de mulheres, 65,07% comparecem à unidade por indicação de um profissional de saúde. Vale observar que apenas 17,58% das mulheres disseram ter chegado ao Centro por iniciativa própria, através de informação dos próprios usuários do serviço ou de amigos.

Motivo da realização do teste: da população masculina, 56,13% procuraram o CTA para testagem por terem se julgado expostos a algum tipo de situação de risco, enquanto para as mulheres esta não é a primeira maior causa de procura de testagem. Para estas, o principal motivo para realização do teste – representando 59,61% do total das mulheres – é o pré-natal, de acordo com a rotina estabelecida pelos serviços de saúde para todas as gestantes.

Exposição ao risco: 1. No universo da amostra é predominante a orientação heterossexual como tipo de parceria para homens e mulheres: 76,29% dos homens e 97,46% das mulheres se declararam heterossexuais.

2. Quanto ao "número de parceiros no último ano", 48,22% dos homens relataram ter tido de 2 a 4 parceiros neste período e 19,34% relataram ter tido um só parceiro, o mesmo percentual verificado para aqueles que relataram ter tido de 5 a 10 parceiros. Na população de mulheres, 67,21% declararam ter tido apenas um parceiro e 23,54% relataram ter tido de 2 a 4 parceiros no período.

3. O tipo de exposição ao risco é, em todos os casos, sexual, sendo para os homens de 100% e para as mulheres, de 98,50%.

4. Uso de preservativo na relação sexual com parceiro fixo: dentre os homens, 39,78% afirmaram nunca usarem preservativo com parceiro fixo, enquanto 32,97% sempre usam. No caso das mulheres, 71,08% declararam nunca usar preservativo com seu parceiro e 12,66% revelaram que sempre usam.

5. Uso de preservativo na relação sexual com parceiro eventual: dentre os homens, 55,04% afirmam usar preservativos sempre, 11,71% afirmam usar às vezes. Dentre as mulheres, 12,36% declararam usar sempre e 3,87% usam às vezes.

6. Soroprevalência: constatou-se no grupo de homens uma soroprevalência para o HIV de 7,6% e no grupo de mulheres, de 3,2%, numa proporção H:M de 2:1.

Os resultados apresentados no universo analisado estão, de modo geral, de acordo com outros estudos já realizados na população brasileira. Entretanto, para alguns indicadores, principalmente para aqueles relacionados com exposição ao risco e estado conjugal, achados interessantes podem nos oferecer um quadro significativo, contribuindo para o debate sobre as atuais políticas públicas de prevenção, procurando compreender seus limites. Vamos analisar os resultados procurando ressaltar aqueles associados à exposição ao risco.

Inicialmente, quanto à escolaridade, observamos que as mulheres apresentam um nível de escolaridade pouco inferior àquele apresentado pelo universo masculino. O nível de escolaridade, juntamente com a inserção no mundo do trabalho fora do lar são determinantes de um acesso a níveis de informação que permitem ao próprio indivíduo ampliar ou mesmo transformar seus valores e crenças fora do universo familiar. No caso da população de mulheres pesquisada esta experiência está mais restrita comparativamente aos homens.

Assim é que, comparando homens e mulheres com relação à inserção no mundo do trabalho, constatamos que as mulheres apresentam um percentual bastante inferior ao dos homens, o que aponta para uma situação de desigualdade importante. Esta desigualdade é bastante característica de países pobres, como o Estado brasileiro. Acrescente-se a este quadro a duradoura crise econômica do país que, por si só, já causa escassez de postos de trabalho.

Há que se considerar, também, que temos, nesta população, 65,07% de gestantes, o que não diminui a validade do universo estudado, na medida em que a maternidade é uma possibilidade presente para a condição de mulher, quando analisamos esta faixa etária de uma população sexualmente ativa. Além da marca cultural que associa o estado gestacional e maternidade à idéia de que a mulher deve ser "naturalmente" preservada para o lar, a mulher gestante encontra, certamente, grande dificuldade na obtenção de trabalho. Provavelmente, os 35,02% das mulheres que se declararam do lar refletem, em síntese, a permanência de um quadro de menor participação da mulher no mundo do trabalho, apesar do crescimento desta participação nas últimas décadas do século XX.

Podemos sugerir que, apesar de os dados terem apontado níveis de escolaridade semelhantes entre homens e mulheres, as diferenças encontradas com relação à inserção no mundo do trabalho mostram que as mulheres, em número significativamente maior, vivem seu cotidiano mais voltadas para a problemática da casa. Isso determina processos de subjetivação diferenciados, que podem contribuir para que elas se percebam "protegidas" dos "perigos da rua" (Da Matta R. 1991). Referidas ao âmbito das representações geradas basicamente no âmbito familiar e nos meios de publicidade, as mulheres não se percebem "em risco". A publicidade reforça esta crença porque, de um modo geral, os meios de comunicação optam por veicular aquelas mensagens que sejam potencialmente mais consumíveis e consensuais, não se propondo a promover debates de caráter mais reflexivo ou polêmico. Na verdade, a publicidade nos convida a pensar que somos inteiramente livres, dando-nos uma "ilusão" de diferença.

Também no indicador "motivo da procura" encontramos essa mesma representação de proteção que as mulheres se atribuem. Constatamos que, no universo pesquisado, as mulheres, na sua maioria, procuram o serviço para testagem por orientação de um outro serviço de saúde. Já os homens o fazem, em maior número, por iniciativa própria, o que sugere que, de alguma forma, a percepção de risco é maior entre os homens pesquisados do que entre as mulheres.

Quanto ao uso de preservativos, os resultados refletem um valor cultural dominante, segundo o qual as iniciativas de mudanças na vida sexual – como o uso de preservativo – devem ser feitas pelos homens. Neste aspecto, com relação ao uso de preservativo com parceiro fixo, como mostramos acima, 71,08% das mulheres afirmam nunca usar o preservativo. Este é um dado de alta relevância, se levarmos em conta o fato de que na população de mulheres que declaram ter relações sexuais apenas com um parceiro fixo a epidemia também vem crescendo, apesar dos esforços dos programas de prevenção. Trata-se aqui, em especial, de compreender a dificuldade de mudança de comportamento quando o que está em jogo, para a mulher, é ter de tomar a iniciativa de propor ao seu parceiro que aceite discutir o uso do preservativo num contrato de vida a dois que supõe fidelidade!

Nesse aspecto, cabe observar que o discurso preventivo, porque se constrói na biologização da sexualidade, desconsidera, na sua lógica racional, aspectos singulares à problemática do campo dos afetos e do trabalho psíquico de simbolização. Esta é uma questão que precisa ser aprofundada através de um trabalho crítico-epistemológico que pense os processos de subjetivação implicados na transmissão do conhecimento e que tome o discurso científico como uma "prática social, cultural e histórica" (Almeida N.F., 2000, p. 132).

Como se traduz psiquicamente, por exemplo, "fazer sexo seguro", expressão cunhada em tempos da AIDS? Esta expressão fala tão somente de uma racionalidade médico-biológica que pretende tratar do corpo através do controle do desejo. A dualidade entre corpo e psiquismo só será superada se procurarmos entender que a relação entre os processos orgânicos e psíquicos é complexa (Plastino, 2001) e tem um sentido de implicação.

Dessa forma, a questão talvez não se esgote em termos de estratégias mais ou menos adequadas a esta população ou a qualquer outra. O que nos parece importante é compreendermos que o conhecimento racional sobre os processos biológicos não é capaz, por si, de ultrapassar as resistências às mudanças de comportamento no campo da sexualidade. Estas resistências são, tão somente, um sintoma de que há algo do ser humano que é da ordem do mal-estar (Freud, 1930) e que insiste como obstáculo à des-simbolização colocada através da redução da problemática da sexualidade ao racionalismo médico-biológico do discurso preventivo.

Quanto ao estado conjugal, os percentuais encontrados, no caso dos homens, mostram que os solteiros são os que chegam majoritariamente ao serviço demandando a testagem para o HIV/AIDS. Isso nos permite pensar que os homens casados não parecem ter a mesma demanda de testagem que os solteiros, aparecendo aqui, talvez, à semelhança das mulheres, a crença na fidelidade. Ainda que em menores números percentuais relativamente às mulheres, os homens parecem também se considerarem preservados da situação de risco, isto com relação à sua parceira estável.

Essa crença permanece, apesar do conhecimento maior que hoje se tem dos mecanismos de transmissão do vírus. Supõe-se que os relacionamentos estáveis – casamento, união consensual ou qualquer tipo de arranjo conjugal estável – representem uma espécie de passaporte de imunidade, apesar do crescimento da epidemia nos últimos anos, exatamente na população heterossexual e com relacionamentos estáveis.

Nesse universo, o que está em jogo é o valor regulador da conjugalidade, a fidelidade entre os parceiros. Este valor, embora conviva com os valores de igualdade e de autonomia, é referência constitutiva contratual nas parcerias amorosas na nossa cultura. Serem ambos os parceiros livres e ao mesmo tempo fiéis é, no caso dos relacionamentos conjugais, um ponto de tensão que permanece...

Por último cabe ressaltar o grande número de mulheres gestantes que vêm chegando ao serviço de testagem e que, não necessariamente, têm relacionamentos estáveis, no sentido de terem um único parceiro. A chegada desta população aos serviços de testagem e aconselhamento em HIV/AIDS abre uma maior possibilidade de detecção precoce de gestantes soropositivas e de tratamento nos casos da transmissão vertical, o que pode interferir positivamente na diminuição dos casos de soropositividade neonatal.

Finalmente, queremos concluir destacando que procuramos sublinhar, neste estudo, os conflitos de representação que funcionam como resistências às mudanças de comportamento recomendadas nos discursos de prevenção em HIV/AIDS. Embora reconhecendo, nos programas educativos voltados à prevenção, um instrumento importante nesta luta, devemos tomar os discursos de prevenção exatamente como um instrumento. Isto quer dizer que precisamos analisá-los como práticas sociais que possuem o alcance e os limites inerentes ao paradigma racionalista do qual derivam.

O paradigma racionalista-científico supõe que a transmissão do conhecimento tem o poder de promover mudanças de comportamento. Porém, toda a transmissão (não importa qual seja o seu conteúdo) só implica em assimilação por parte dos sujeitos a partir de um trabalho psíquico de simbolização. No caso das políticas de prevenção relacionadas ao HIV/AIDS, o que se espera são mudanças de percepção, de estilos de vida, que exigem dos sujeitos um esforço psíquico grande, capaz de adequar ideais de liberdade e de autonomia – valores constitutivos no caso das sociedades modernas – aos novos constrangimentos colocados para a sexualidade com o advento da AIDS.

Na questão da prevenção em HIV/AIDS o que está em jogo, mais do que transmitir um conteúdo de conhecimento, é a possibilidade de construção de novas representações pessoais (Tisseron, 2002), o que se faz através de um processo de re-simbolização que é lento, profundamente diferenciado e complexo, principalmente quando se trata de mudanças no campo das práticas sexuais.

REFERÊNCIAS BIBLIOGRÁFICAS

ARENDT, H. *La crise de la culture*. Paris: Gallimard, 1972.

ALMEIDA, N.F. *A Ciência da Saúde*. São Paulo: Editora Hucitec, 2000.

DELEUZE, G. *Conversações*. São Paulo: Editora 34, 2000.

DA MATTA, R. *A casa & a rua*. Rio de Janeiro: Guanabara Koogan S. A, 1991.

DUMONT, L. *O Individualismo – Uma perspectiva antropológica da ideologia moderna*. Rio de Janeiro: Editora Rocco, 1983.

FREUD, S. "O Mal-Estar na Civilização." (1930) *In: Edição Standard Brasileira das Obras Completas de Freud,* vol. XXI. Rio de Janeiro: Imago, 1976.

PLASTINO, C. A. *O primado da afetividade*. Rio de Janeiro: Relume Dumará, 2001.

M.S.(Ministério da Saúde) *Aconselhamento em DST, HIV e Aids. Diretrizes e Procedimento básicos*. Brasília: Secretaria de Projetos Especiais de Saúde. Coordenação Nacional de DST e AIDS, 1997.

TISSERON, S. Le poids des secrets de famille. *Sciences Humaines*, 36: 6-9, 2002.

SZAPIRO, A. M. 'Percursos do Feminino: Um Estudo sobre a "Produção Independente" dos anos sessenta.' Tese de Doutorado, Rio de Janeiro: Departamento de Psicologia, Pontifícia Universidade Católica, 1998.

Terceira Parte

MEIO AMBIENTE, SUSTENTABILIDADE E DESENVOLVIMENTO

DESENVOLVIMENTO E DES-ENVOLVIMENTO: O DESEJADO E O DESEJÁVEL

Tania Maria de Freitas Barros Maciel
Glória Maria de Pádua Moreira
Annunciata Bonini-Vieira
Lourdes Brasil

Fazemos parte da cultura ocidental, fomos colonizados por ela, que, hoje, se expandiu por todo o planeta Terra. A noção de "desenvolvimento", aliada à de progresso, vem justificar este movimento de mundialização desta cultura. Torna-se de suma importância olhar para o que se está chamando Processo de Globalização como quem está de fora dele, embora, hoje, em países como o nosso, não se possa dizer que estejamos fora deste movimento.

Desde que o indivíduo se percebe existindo dentro da Cultura Ocidental, uma das idéias que o acompanham é a de que a sociedade como um todo está caminhando em uma certa direção e este caminhar está associado à noção de crescimento, de caminhada em frente, de busca de alguma coisa, de determinado grau a atingir.

Daí surgem as comparações com a metrópole, o anseio de se conseguir atingir a mesma *performance* humana que aqueles que, em suas diversas funções, representaram a cultura ocidental. Podem-se observar, embutidos na palavra "desenvolvido", os conceitos de "*culto, adiantado, instruído*", conforme definição de Aurélio Buarque de Holanda em seu *Dicionário da Língua Portuguesa.* (BUARQUE DE HOLANDA, 1986, p. 561).

E, em não se encontrando traços identificadores de semelhança, tende-se a considerar que não se está caminhando no mesmo sentido. Entre compatriotas ou irmãos de destino, sabe-se bem do que se está dizendo: *"lá (na Europa) é que se vive realmente, a humanidade está configurada lá, este é o modelo"*. E esse modelo se delineia, de certo modo, como um movimento para a frente, onde a idéia de "progresso", segundo Gilbert RIST (1996), chega a ser uma crença, associada à crença no desenvolvimento.

No mundo contemporâneo, a idéia de progresso está presente em toda a parte onde se fala de ocidente, de desenvolvimento e, em conseqüência, para o resto do mundo não ocidental (ou colonizado pelo ocidente, mas não ainda plenamente ocidentalizado – seria isto possível?). Este movimento do ocidente em direção aos outros povos que dele não faziam parte teve início ainda nas Luzes e está ligado às idéias de crescimento e progresso. Eis como fala Serge Latouche a respeito deste processo:

> *"Sabe-se que a modernidade é um projeto global que reserva um grande lugar para a economia, ao passo que o desenvolvimento não é somente uma política econômica e sim uma reforma de toda a sociedade. O progresso está no cerne de todos esses projetos sinônimos. O objetivo é puramente mimético. Ele nunca é atingido, portanto"* (LATOUCHE, 1996, p.78).

Se um habitante de um desses países – aos quais Guerreiro Ramos (1996) faz referência e propõe, para bem entender as circunstâncias em que se está, que se faça uma redução sociológica dos conceitos como eles chegam aí – observa essa situação proposta pelos países de origem da cultura ocidental, certamente que não poderá deixar de entender que existe uma relação indissociável entre «ser ocidental» e ser «desenvolvido», estando um conceito dependente do outro, estando, mesmo, subentendido um ser o outro.

Seria oportuno perguntar se "ser desenvolvido" não estaria ligado a "ser ocidental"? Ou, então, desenvolvido, evoluído, seria o indivíduo integrado aos valores e princípios ditados pela cultura ocidental.

Se se observar do ponto de vista dos países que fazem parte do que se chama o Primeiro Mundo (primeiro, até, de um ponto de vista cronológico, dentro do âmbito da cultura ocidental), certamente "ser desenvolvido" estaria associado a "ser Ocidental" (LATOUCHE, 1996). Não é sem razão que é destes países que veio a denominação "Civilização Ocidental". E não se está falando apenas do econômico. É uma cultura como um todo, uma cosmovisão, um projeto de sociedade, que, pelas suas características próprias – o termo desenvolvimento, em qualquer de suas acepções – indica no sentido de uma permanente expansão. Interpretou-se este movimento como expansão física, econômica, material. Poder-se-ia tê-lo entendido como um movimento cultural, intelectual, espiritual?

Desenvolvimento foi entendido, num primeiro momento, como expansão material, pela cultura ocidental, representada pelos países europeus, aqueles que construíram suas bases: Inglaterra, França, Alemanha – Portugal e Espanha, na época das navegações (PERRY, 1999).

Acreditou-se, posteriormente, dever oferecer, aos outros povos da Terra, os valores morais e religiosos e os conhecimentos acumulados na prática do paradigma da racionalidade. Tornava-se quase uma obrigação, associada ao desejo de expansão, implícito na noção de progresso. Trazendo do Iluminismo a idéia do progresso infinito, com o olhar voltado para as riquezas naturais das outras regiões da Terra melhor aquinhoadas que a região temperada, lugar geográfico de origem do Ocidente, e um discurso missionário apontando para a necessidade de "civilizar" todos os outros povos. Este processo vem se concluindo, no dizer de Lévy-Strauss, *há mais de cento e cinqüenta anos* (LÉVY-STRAUSS, 1976), sob o aspecto da industrialização, da comunicação de massas, mas ele começou há muito mais tempo.

Hoje, não se pode situar o Ocidente em uma região geográfica do mundo. Ele está por toda parte, embora possamos identificar características que podem ser associadas aos seus criadores, à raça branca, aos povos provenientes de regiões temperadas. Está também por toda parte, porque estendeu seu braço eletrônico por sobre o planeta Terra (LATOUCHE, 1994, p. 13).

Entretanto, alguma coisa mudou nessa relação. E isso diz respeito a toda a Terra. Com o movimento incontrolado da busca do desenvolvimento, tanto no âmbito dos países ricos quanto dos países pobres, acabou-se por perceber, de repente, que talvez alguns dos recursos de que a humanidade dispõe sejam não-renováveis. Talvez o que se chamou de progresso – pelo menos no que diz respeito à industrialização – estivesse provocando muitos problemas.

De algumas décadas para cá os homens se deram conta de que o desenvolvimento, da forma como vinha sendo compreendido, ao par das facilidades e de um certo "progresso", incluía em seu bojo problemas que apontavam para a ameaça da vida humana neste planeta. A poluição, a energia nuclear, a degradação ambiental, o consumo incontrolado de bens naturais não renováveis passaram a ocupar lugar no pensamento de teóricos e políticos.

Vários movimentos se constituíram para pensar e agir no sentido de reverter a catástrofe prenunciada. A sobrevivência da Terra, dos homens, dos animais, da vegetação, dos mares e do ar merecia que se sustassem práticas consideradas prejudiciais à natureza e aos seres que nela habitam.

A noção de que o homem é o senhor da natureza e pode usá-la e dominá-la a seu bel-prazer é substituída pela compreensão de que a dicotomia homem/natureza é uma herança de nossa cultura cartesiana e ocidental e deve ser abandonada.

Os movimentos ecológicos ganham, então, adeptos de todas as áreas do saber, bem como de outros movimentos sociais preocupados em melhorar as condições de vida dos seres humanos.

A noção de desenvolvimento sustentável começou a ser discutida na Conferência de Estocolmo em 1972. Um dos aspectos considerados era o das limitações ambientais ao processo econômico global, apresentadas pelo Clube de Roma. Tais limitações se davam tanto em virtude da escassez de recursos naturais, como também pela incapacidade do meio ambiente em absorver os resíduos do processo industrial (CAVALCANTI, 1996).

Após a conferência de Estocolmo outros encontros foram realizados e a justificativa para a adoção de um novo modelo de desenvolvimento deixou de ser apenas a restrição ambiental ao crescimento econômico. A constatação das condições precárias de vida de expressivos contingentes populacionais em várias regiões do mundo fez com que justiça social tivesse de ser considerada dentro do paradigma de um novo modelo desenvolvimentista.

Nos debates travados durante a conferência Rio 92 o desenvolvimento sustentável e o desenvolvimento endógeno estiveram no centro. Era preciso implementá-los em todos os países e urgentemente. Para isso foi elaborado um receituário, a Agenda XXI, com cuja implementação se alcançariam: o crescimento econômico, a preservação ambiental e justiça social, em todo o mundo! As comunidades seriam as propulsoras desse movo modelo.

Diversos autores têm discutido a adoção do desenvolvimento sustentável. Têm particular interesse aqueles que discutem os paradoxos do mesmo, como, por exemplo, Guimarães (GUIMA-

RÃES, 1997). Em um de seus trabalhos ele discorre sobre questões referentes à falência do Estado como motor do desenvolvimento, a unanimidade a favor do desenvolvimento e o financiamento deste desenvolvimento.

Como já foi dito no início deste trabalho, ao expandir-se, a cultura ocidental – neste caso, manifestada na forma do capitalismo –, em seu processo de desenvolvimento, separa/exclui e este movimento é reproduzido dentro das comunidades. Tal processo provoca um distanciamento ou desagregação dessas comunidades.

De que maneira essas comunidades, cujos componentes estão desagregados, podem caminhar em direção a um desenvolvimento? É possível reconstruí-las sobre novos pressupostos? Há lugar para a fraternidade, solidariedade, respeito, auto-ajuda? Talvez possa ser possível, desde que sejam colocados em cena novos atores sociais: mulheres, crianças, camponeses, parcelas da população que historicamente foram alijadas dos processos decisórios. De que maneira esses atores podem contribuir para um enredo diferente no processo civilizatório? Esta é uma das grandes questões que se colocam neste momento para discussão. É preciso deixar de lado os conceitos oficiais, ou, no dizer de D'Avila Neto (1992), receitas oficiais, e partir em busca de "receitas caseiras".

Urge pensar novas formas de desenvolvimento que tenham como princípio a conservação do patrimônio ambiental, a idéia de um desenvolvimento durável, ou sustentável, que seria "o desenvolvimento que responde às necessidades presentes, sem comprometer a capacidade das gerações futuras de satisfazer às suas próprias necessidades" (BRUNDTLAND, 1991).

Essa definição, porém, apresenta-se como muito ampla e pode levantar questões para grandes debates. A multiplicidade da sociedade brasileira e a diversidade das várias culturas que aqui convivem já, de antemão, nos fazem refletir sobre a variedade de necessidades que se podem constatar em diferentes localidades e comunidades. Além disso, como nos lembra Henri Acselrad (1996), seria um exercício de futurologia sabermos quais seriam as necessidades das gerações futuras.

Ignacy Sachs (1980) enfatiza os cuidados que se devem ter com o ambiente, não só em nosso próprio benefício, como no sentido de oferecermos a nossos descendentes um habitat menos poluído, menos deteriorado e devastado em seus recursos não renováveis. Especialmente para as zonas rurais dos países em vias de desenvolvimento ele propõe o ecodesenvolvimento. Para o autor é um desenvolvimento que busca soluções específicas para cada região levando em consideração dados ecológicos e culturais, necessidades imediatas e a longo prazo, tendo como objetivo um progresso relativizado em cada caso. Sem negar importância a intercâmbios de experiências, não se deve prender a universalismos e generalizações. Aposta na capacidade humana de identificar problemas e encontrar soluções originais. Resiste a um ecologismo exagerado que sacraliza a natureza e limita o homem, sugerindo criatividade para aproveitamento da margem de liberdade oferecida pelo meio, por maiores que sejam as restrições climáticas e naturais.

Embora as idéias de Sachs sobre o ecodesenvolvimento sejam direcionadas preferencialmente a comunidades rurais, a filosofia de observância do comedimento no uso dos bens que extraímos da natureza pode ser ampliada para o meio urbano.

A educação tem sido apontada por D'Avila e Maciel, em vários trabalhos, como fundamental quando se discute meio ambiente (D'AVILA & MACIEL, 1992). É uma questão posta de lado até no relatório Brundtland, quando se refere às necessidades dos países em desenvolvimento, que as autoras preferem chamar de "*en route*". E, baseadas em suas pesquisas, enfatizam que no caso do Brasil a educação deve ser considerada prioritária, não uma "*educação ambiental*" específica, mas uma educação abrangente, "*primeiro porque toda a educação deve ser ambiental; segundo porque o meio-ambiente é um dado da cultura do homem que convive com ele (em harmonia ou não)*" (D'AVILA & MACIEL, 1995, p. 256).

É óbvio que vivemos um tempo de grandes dificuldades, no qual as desigualdades de renda são perversas, onde a pobreza sobrevive muitas vezes do lixo dos mais abastados, como é o caso dos catadores, porém, se o desperdício fosse menor, provavelmente a miséria seria menor. Entretanto, se se considerar como desenvolvida justamente aquela parcela da sociedade que pratica o desperdício e aponta como não-desenvolvido ou não ainda desenvolvidos aqueles que vivem esta situação de miséria, fica difícil se chegar a um entendimento a respeito do que seja desenvolvimento e progresso.

Parece que o enfoque que se tem dado à questão do desenvolvimento, mesmo quando se trata de preservação ambiental, ficou fixado principalmente no aspecto econômico deste conceito. Sabe-se bem que, na origem do termo, "desenvolver-se" não é apenas aumentar, acrescentar, acumular. Diz respeito, principalmente em se tratando de questões em que estão implicados seres humanos, muito mais que apenas isso. É desabrochamento, elevação de nível de humanidade, qualificação humana, excelência humana. E este desenvolvimento se obtém, em primeiro lugar, através da educação. No momento presente, uma educação que leve em conta a complexidade da vida humana, como diz Morin (2001), que saiba valorizar os aspectos tradicionais remanescentes das culturas locais, que possa revitalizar os aspectos humanos que, de uma forma ou de outra, a expansão da Cultura Ocidental enfraqueceu ou quase apagou, que leve em conta o aprendizado do relacionamento dos seres humanos com seu habitat, o planeta Terra.

REFERÊNCIAS BIBLIOGRÁFICAS

ACSELRAD, Henry. Sustentabilidade e Território nas Ciências Sociais. Artigo preparado para o projeto "Sustainability as a Concept for The Social Sciences" do programa MOST da UNESCO, coordenado pelo Institute for Social-Ecological Research (Frankfurt), 1996.

BUARQUE DE HOLANDA, A. *Novo Dicionário da Língua Portuguesa*. Rio de Janeiro: N. Fronteira, 1986.

BRUNDTLAND, G.H. (Coord.) *Nosso Futuro Comum*. Comissão Mundial sobre Meio Ambiente e Desenvolvimento. 2ª Ed. Rio de Janeiro: FGV, 1991.

CAVALCANTI, Clóvis. "Desenvolvimento e respeito à natureza: uma introdução termodinâmica à economia da sustentabilidade". *In: Incertezas de sustentabilidade na globalização.* Campinas, SP: Editora da UNICAMP, 1996.

D'AVILA NETO, M.I.; BARROS-MACIEL,T. "Pantanal: Um Ecodesenvolvimento necessário." *In: O ambiente inteiro.* Rio de Janeiro: UFRJ, 1992.

GUIMARÃES, Roberto Pereira. "Desenvolvimento sustentável: da retórica à formulação de políticas públicas". *In: A geografia política do desenvolvimento sustentável.* Rio de Janeiro: Editora UFRJ, 1997.

LATOUCHE, S. *A ocidentalização do mundo*. Tradução de Celso Mauro Paciornik. 2ª Ed. Petrópolis: Vozes, 1996.

LÉVY-STRAUSS, C. *Antropologia Estrutural Dois*. Tradução de Maria do Carmo Pandolfo. Rio de Janeiro: Edições Tempo Brasileiro, 1976.

MACIEL,T.; D'AVILA NETO, M.I. "Comunidades e participação: desafios para a pesquisa ação." *In:* D'AVILA, Inácia.

Desenvolvimento Social; desafios e estratégias. Rio de Janeiro: UFRJ/UNESCO, 1995, p. 256.

MORIN, E. *Sete saberes necessários à educação no futuro*. Porto Alegre: Sulina, 2001.

PERRY, Marvin. *Civilização Ocidental. Uma História Concisa*. Tradução de Waltensir Dutra e Silvana Vieira. 2ª edição rev. e at. São Paulo: Martins Fontes, 1999.

RAMOS, Guerreiro. *Redução Sociológica*. Rio de Janeiro: UFRJ, 1996.

RIST, Gilbert. *Le développement: histoire d´une croyance occidentale*. Paris: Presses de Sciences Po, 1996.

SACHS, I. *Stratégies de l'eco-devéloppement*. Paris: Ouvrières, 1980.

TURISMO COMO INSTRUMENTO PARA DESENVOLVIMENTO LOCAL: ENTRE A POTENCIALIDADE E A UTOPIA

Marta de Azevedo Irving

O presente trabalho objetiva discutir as potencialidades e vulnerabilidades do turismo como mecanismo efetivo de desenvolvimento local, frente às pressões de desenvolvimento e as demandas sistemáticas pela melhoria da qualidade de vida das populações em áreas afetadas pelo fenômeno turístico.

A base teórica de enquadramento do tema proposto está centrada nos conceitos de **Desenvolvimento local** e **Capital Social** como elementos norteadores de reflexão e como pressupostos essenciais na interpretação da proposta de turismo sustentável.

Classicamente, o conceito de **Desenvolvimento Local** decorre de estudos de microeconomia e está associado à quebra de paradigma do mundo pós-crise, vinculado à falência do modelo desenvolvimentista dominante e das demandas naturais de um mundo complexo, em transformação de valores e abordagens de futuro. O viés econômico desse conceito está bem ilustrado nas perspectivas de Albuquerque (1997), Jordán e Zapata (1998), Valcarcel-Resalt (1998), entre outros.

Perez e Carrillo (2000) ilustram a origem e as nuances do conceito. Segundo os autores, esse seria um novo enfoque de desenvolvimento baseado e fundamentado principalmente no aproveitamento dos recursos endógenos (humanos, naturais e de infraestrutura). Esses recursos são entendidos sempre como ponto de partida e nunca como ponto de chegada para um novo tipo de desenvolvimento, atualmente designado como "Modelo de Desenvolvimento Local". Segundo os autores, Desenvolvimento Local pode ser definido como:

> "*...aquele processo reativador da economia e dinamizador da sociedade local que mediante o aproveitamento dos recursos endógenos existentes em uma determinada zona ou espaço físico é capaz de estimular e fomentar o seu crescimento econômico, criar emprego, renda e riqueza e, sobretudo, melhorar a qualidade de vida e o bem-estar social da comunidade local*" (p. 48).

No entanto, como parâmetro conceitual central para a discussão do turismo como instrumento de Desenvolvimento Local optou-se por considerar o **local** como o socialmente construído, "*o espaço onde se conformam comunidades e constroem-se identidades territoriais*" (Coelho e Fontes, 1998, p. 69).

Assim, entende-se por **Desenvolvimento Local** um modelo de desenvolvimento que privilegia o "olhar do lugar" e permite

> "*a construção de poder endógeno para que uma determinada comunidade possa autogerir-se, desenvolvendo o seu potencial socioeconômico, preservando o seu patrimônio ambiental e superando as suas limitações na busca contínua da qualidade de vida de seus indivíduos*" (Carestiato, 2000, p. 27).

O conceito de **Capital Social**, por sua vez, tem sido utilizado como o conjunto de associações horizontais entre pessoas em redes de atuação e modelos de associação capazes de influenciar a produtividade de uma determinada comunidade (Putnam, 1993), o que fortalece a noção de **cooperação** e **solidariedade** como parâmetros essenciais ao desenvolvimento.

Nesse contexto, Putnam (1996), a partir de uma análise teórica sobre a filosofia política, menciona o conceito de "comunidade cívica", associado ao êxito de um governo democrático. Numa "comunidade cívica", a cidadania se caracteriza pela participação nos negócios públicos e os cidadãos a ela associados consideram o domínio público algo mais do que um campo de batalha para a afirmação dos interesses pessoais. Segundo o autor:

> *"Na comunidade cívica, a cidadania implica direitos e deveres iguais para todos e a comunidade se mantém unida por relações horizontais de reciprocidade e cooperação, e não por relações verticais de autoridade e dependência"* (p.102).

Nessa tipologia de comunidade, os cidadãos são mais do que atuantes, são prestativos, respeitosos e confiantes uns nos outros. Embora essa comunidade não esteja livre de conflitos, os seus elementos são tolerantes com os oponentes, o que revela e ressalta a vibração da vida associativa. A cooperação voluntária se torna mais fácil numa comunidade que tenha herdado um bom estoque de capital social sob a forma de regras de reciprocidade e sistemas de participação cívica.

> *"Aqui o capital social diz respeito a características de organização social como confiança, normas e sistemas, que contribuem para aumentar a eficiência da sociedade, facilitando ações coordenadas"* (p.177).

Por essa ótica, o capital social é produtivo e permite o alcance de objetivos que não seriam viáveis se ele não existisse, uma vez que facilita a cooperação espontânea. Esse pressuposto se apóia na noção de que um grupo social caracterizado pela confiança entre seus membros é mais capaz de realizações do que outros.

Nesse sentido, o local extrapola o conceito de lugar e ganha uma dimensão de qualidade, de sustentabilidade, de potencialidade futura. Na perspectiva do **local** visualiza-se também a oportunidade de inovação, o compromisso de participação e aderência social, e o engajamento dos atores sociais no processo de tomada de decisões e na conservação do patrimônio natural e cultural.

O Brasil é um país de dimensões continentais e, embora ocupe uma posição modesta no "ranking" internacional do turismo, representa também um ponto focal para o desenvolvimento da atividade nos próximos anos na América Latina. Se o turismo pode se tornar uma oportunidade para o país no processo de geração de renda e elevação do Produto Interno Bruto, traz também riscos significativos de perda de identidade cultural, degradação do patrimônio natural e exclusão social. A questão que emerge nesse contexto é que tipo de turismo se deseja e que medidas de planejamento poderiam assegurar uma nova concepção baseada na valorização do local e na percepção do local como ponto focal de novas iniciativas.

Com esse enfoque, o trabalho pretende contribuir para a avaliação crítica dos mecanismos que têm caracterizado o desenvolvimento turístico no país e fornecer um olhar prospectivo, dirigido à reflexão das possibilidades inovadoras e àquelas capazes de trazer à luz da discussão acadêmica novas propostas de lidar com a subjetividade e com o imaginário envolvido no fenômeno turístico; novas possiblidades de atuar em planejamento na direção do desenvolvimento de base local, novas alternativas para se pensar o turismo.

Na verdade, planejamento turístico é indissociável da perspectiva de desenvolvimento regional e, portanto, tema simultaneamente conseqüente e condicionante de políticas públicas. Assim, pensar o turismo e sua relação com o lugar exige como pré-requisito a compreensão da estratégia de desenvolvimento adotada pelo país e da dinâmica de implementação de projetos com esse objetivo.

Segundo Petersen e Romano (1999), os projetos de desenvolvimento bem-sucedidos no Brasil estão associados a duas características interdependentes:

a) Participação da sociedade civil na elaboração e implementação de leis, planos, programas e ações inovadoras, em contraposição aos modelos centralizadores;

b) Enfoque local no processo de desenvolvimento, em contraposição aos modelos homogêneos e burocratizados.

Segundo os autores,

> *...o enfoque local implica não só a descentralização das políticas públicas, como também cria as condições para a ativa participação da população nas tomadas de decisões e na gestão de programas voltados para o desenvolvimento... Estas características apontam um caminho para a promoção do desenvolvimento sustentável no Brasil: a ação concertada entre Estado e as organizações da sociedade civil, segundo uma perspectiva geopolítica e geoeconômica orientada para as especificidades do local"* (pp. 11-12).

A temática da participação, no entanto, parece representar ainda um mito em planejamento; pela complexidade do tema, pelos compromissos que gera, pelas expectativas que implica e pela ruptura evidente dos mecanismos vinculados ao perceber e ao intervir no lugar. Além disso, como lidar com um tema dessa natureza num vazio metodológico originário de práticas ortodoxas persistentes e insistentes na cronologia do desenvolvimento do país?

Irving (1999) analisa a problemática da participação como

garantia de sustentabilidade em projetos de desenvolvimento e argumenta que:

> *"Pensar transversalmente universos de referência sociais e individuais significa abdicar do saber totalitário e optar por novas formas de construção de realidade baseadas no saber compartilhado, na experiência coletiva, no poder da participação"* (p. 141).

Da mesma forma, na relação sujeito-objeto, subjetividade-objetividade, há uma inseparabilidade, como afirma Morin (2000):

> *"É evidente que na relação sujeito-objeto, subjetividade-objetividade, há uma inseparabilidade. O conhecimento objetivo necessita de sujeito, da interação subjetiva e também de projeções das estruturas mentais do sujeito. O conhecimento não é um espelho, uma fotografia da realidade. O conhecimento é sempre tradução e reconstrução do mundo exterior e permite um ponto de vista crítico sobre o próprio conhecimento. Por esta razão (...) o conhecimento, sem o conhecimento do conhecimento, sem a integração daquele que conhece, daquele que produz o conhecimento, é um conhecimento mutilado"* (p. 53).

Petersen (1999) fala no "mercado das metodologias participativas", numa referência ao processo de disseminação rápida desse tipo de proposta, freqüentemente materializada em discursos superficiais e oportunistas, em contraposição a uma real tomada de consciência para o tema. O autor coloca também em análise a hipótese de que nessas abordagens esteja incorporada apenas a difusão do aspecto mais superficial da proposta, a tecnicalidade da participação, tendência dominante no contexto atual.

O autor menciona a noção de empoderamento como questão-chave nessa análise.

> *"Para que a participação social seja efetiva, torna-se indispensável que os múltiplos interesses dos diferentes atores sejam contemplados na esfera decisória de qualquer programa voltado para o desenvolvimento, por mais complexo que isso possa vir a ser. Há que se promover a descentralização, entendida como a divisão de poder entre os diferentes atores e agentes de promoção do desenvolvimento" (...) "Não podemos falar em participação efetiva quando o papel reservado às comunidades, por exemplo em um processo de diagnóstico e planejamento, é o de produzir informações e legitimar as propostas formuladas por agentes externos, por mais bem intencionadas que elas possam vir a ser. De forma geral, essas propostas são formuladas com base em referenciais externos à realidade local, num processo que atenua as diferenças entre os lugares e provoca uma espécie de estandartização e banalização das paisagens socioculturais, acirrando ainda mais a tendência à dispersão social, grande inimiga dos processos participativos"* (p. 83).

Essa lógica de operar vem sendo denominada de "abordagem instrumental da participação", participação de caráter formal apenas, em contraposição ao conceito de "Participação Cidadã" (Leroy e Soares, 1998), informada, plena e consciente, habilitada a protagonizar o cotidiano e a construção da própria realidade. Segundo os autores:

> *"Participação plena ou participação cidadã é vista como um processo, capaz de gerar uma nova dinâmica de organização social, fomentando a intervenção da população nas políticas públicas. Não se esgota dentro do projeto, mas se relaciona diretamente com questões amplas, tais como democratização, eqüidade social, cidadania e defesa dos direitos humanos. Nesse sentido, requer a democratização do poder sobre o uso dos recursos financeiros e sobre a definição e implementação de políticas públicas."*

A questão que permanece sem resposta é: em que medida as instituições vinculadas a planejamento turístico estão efetivamente preparadas ou interessadas para pensar e implementar programas participativos dirigidos à concepção de desenvolvimento local? De que maneira inserir a noção de *comunidade cívica* na práxis turística?

Dinâmicas distintas de desenvolvimento regional implicam respostas locais diferenciadas ao fenômeno turístico. No entanto, apesar de influências culturais distintas e diferenças de modelos de desenvolvimento regional no país, a reprodução de práticas centralizadoras, no local, pelos agentes de desenvolvimento, parece se configurar em padrão nacional. Evidentemente que essa tendência se reproduz em planejamento turístico.

Para estimular a discussão sobre a temática associada à experiência de participação e da ação local, Petersen e Romano (*op. cit.*) sugerem algumas questões centrais para análise:

a) Como vêm sendo estimuladas a participação e a mobilização social no enfrentamento dos problemas associados à realidade local?

b) Como esses problemas têm sido identificados e qualificados de forma participativa?

c) Como os diferentes segmentos sociais vêm sendo considerados em programas dirigidos ao desenvolvimento local?

c) Como têm sido abordados os diferentes temas de desenvolvimento a partir da vocação institucional das entidades de assessoria?

d) Como têm sido compatibilizados os ritmos dos programas às dinâmicas locais?

e) Qual tem sido o papel atribuído às instituições de assessoria?

f) Qual tem sido o papel destinado às instituições de assessoria no contexto dos projetos participativos comprometidos com o Desenvolvimento Local?

A essas questões podem ser acrescentadas mais algumas: qual o perfil das instituições de assessoria no contexto de projetos participativos? Qual o critério de qualificação dessas instituições? Quem são os profissionais que trabalham com esse tipo de projeto? Qual a eficácia das metodologias utilizadas? Quais os resultados efetivos obtidos no processo?

Ainda assim, ao se perceber o lugar turístico na esfera do local, como evitar a perspectiva "localista" dissociada do plano global? Como evitar riscos da dissociação entre o local e o global?

A reflexão sobre estratégias e visibilidade do lugar turístico implica repensar modelos e uma mudança de olhar com relação aos padrões clássicos de cooperação e intervenção no lugar, quer pelos projetos de desenvolvimento, quer pelas cooperações internacionais, quer pela pesquisa acadêmica. Essa reflexão se materializa também na necessidade de reformulação do discurso acadêmico, freqüentemente dissociado da prática e distante da realidade em ebulição de um país emergente, ávido por respostas e soluções criativas.

O planejamento turístico voltado para a sustentabilidade vislumbra então possibilidades inovadoras na leitura socioambiental, na abordagem interdisciplinar, no olhar psicossocial, no pensar transversal e no fazer criativo. Nesse contexto, os estudos de caso, as práticas de campo, a pesquisa participante e os projetos interdisciplinares emergem como arcabouços metodológicos poderosos em pesquisa e investigação científica.

Por outro lado, a questão ambiental (na concepção ecológica e social) pode ser incorporada a planejamento turístico como inspiração para a prática cidadã, em direção à construção de uma comunidade cívica. E o turismo, entendido como fenômeno complexo, nesse caso, como veículo de acesso e inserção do local ao mundo globalizado. Nessa dualidade, poderão ser constituídos eixos temáticos indutores de participação e capital social.

Refletindo sobre o Contexto

A reflexão sobre o lugar turístico emerge no contexto contemporâneo da re-significação do espaço rural, do reencantamento pela natureza, da prática de intervenção no lugar a partir do olhar e da demanda do não lugar, do "*upgrade*" da natureza como bem patrimonial de alto valor para as sociedades urbanas.

Refletir sobre o lugar turístico na dicotomia entre megadiversidade biológica e megadesigualdade social não se configura como tarefa simples. Assim, o exercício de pensar o lugar extrapola as linearidades e as relações de causalidade; e se dispersa para canais não tão óbvios, diante da operacionalidade e da tecnicalidade insistentes em planejamento.

Como enquadrar o fenômeno turístico num país plural, emergente e estratégico na diplomacia contemporânea, especialmente por sua base de recursos naturais? O que dizer então da esquizofrenia de Políticas Públicas no contexto histórico? Como enquadrar esse tema diante de questionamentos éticos vinculados aos temas de geopolítica e soberania?

Na verdade, no contexto nacional, o turismo se constitui em opção emergente, mas ainda periférica em Políticas Públicas. Mas, se por um lado, o país desperta para a sua base de recursos naturais como potencialidade para o desenvolvimento turístico, a cultura como valor patrimonial não compõe ainda o cenário em planejamento.

Por outro lado, a percepção do "local tutelado" parece dominar as práticas correntes enquanto se desconsidera ou se deforma a interpretação do tempo local de resposta. A incorporação do discurso de desenvolvimento local é evidente, mas a prática persiste sustentada na visão centralizada e paternalista de desenvolvimento.

A esse quadro se adicionam a fragmentação institucional e setorial em planejamento, a academia distante e alienada reclinada sobre a crítica e a opção pelo "não fazer", a subjetividade preterida pela racionalidade dominante do referencial urbano tecnocrático. Nesse cenário, prevalecem a folclorização do local, a pasteurização do lugar, a escolha do exótico tropical como fator de atratividade. E, nesse caldo de cultura de muitos desafios e poucas soluções, permanece a contradição entre a exclusão histórica e a participação cidadã como alternativa.

Pensando sobre o Lugar Turístico

Pensar sobre o lugar turístico significa re-significar códigos e símbolos, a partir da compreensão do lugar como ponto focal da transformação social, como locus preferencial das identidades, contradições, sonhos e desejos.

Caracterizar o lugar turístico representa integrar olhares distintos, leituras antagônicas, percepções contraditórias, ideologias incompatíveis. Este lugar não é um lugar apenas, mas o palco de conflitos e o cenário de transformações; os vários lugares do mesmo lugar, em resposta aos vários olhares sobre o mesmo lugar.

O lugar turístico é o palco da pluralidade de identidades. As identidades de raízes, as identidades migrantes, as identidades transitórias; as identidades que se associam e dissociam, que criam, transgridem, renovam e que, a partir do conflito latente e cotidiano, se diversificam e se consolidam. O lugar turístico é o cenário da complexidade das relações entre os atores sociais que sobrevivem e se identificam com a configuração e a unidade harmônica do espaço físico e aqueles que buscam a diferença, o complemento, a vivência e a descoberta. O lugar turístico, mais do que um ponto no mapa planetário é o locus do conflito e da criação e fusão das subjetividades. Ali se materializa a dualidade entre percepção intrínseca e olhar exógeno e o turismo emerge como indutor de novas identidades.

Nesse cenário dinâmico e efervescente, o tempo adquire novos significados e se expressa como o tempo do lugar. O tempo capaz de responder ao fenômeno turístico em sua própria lógica, em seu próprio ritmo, em seu próprio batimento.

Na interpretação do lugar turístico, o ator social é o protagonista e sem ele não existe o espetáculo. Na construção da obra, as paisagens ficam sem cor e o quadro não expressa integralmente a mensagem do artista.

Segundo Petersen (1999), os êxitos duvidosos e os problemas de inúmeros programas de desenvolvimento em distintos países do terceiro mundo parecem estar baseados em erros muito semelhantes. O erro fundamental desses programas é que a intervenção está baseada no meio e não no ator social, em propostas reducionistas e imediatistas. Segundo o autor, não admitir o ator social como agente ativo de todo o processo de desenvolvimento (do diagnóstico, passando pela identificação de propostas de intervenção, seu teste, avaliação e monitoramento permanente) tem sido o equívoco gerador da maioria das frustrações dos projetos em implementação no país. Em turismo, esse equívoco parece lugar comum.

O autor (*op. cit.*) justifica a importância do engajamento dos atores sociais em projetos e programas de desenvolvimento segundo a seguinte argumentação:

> *"...Eles exercitam uma avaliação bastante aguda das propostas que recebem a partir de critérios que incluem fatores de segurança, de tempo e esforço no trabalho realizado, de adaptação à sua visão própria de seus sistemas, de facilidade/dificuldade de aplicação (complexidade), produtividade, etc. Estas avaliações são decorrentes de todo um processo de formação cultural na convivência com as condições objetivas (ambientais, sociais, econômicas, etc) que têm para sobreviver e se reproduzir como categoria social"* (p. 59).

A negligência com relação à participação do ator local gera prejuízos significativos com relação às iniciativas locais empreendidas. Sob a ótica operacional, segundo o mesmo autor, alguns erros comuns em projetos podem ser resumidos nos seguintes itens:

a) Postura paternalista: paternalismo em ordem inversa à eficiência e sustentabilidade dos processos;

b) Postura dos técnicos: despreza-se a sabedoria, as idéias e os conhecimentos próprios do ator local. Técnicos tendem a considerar o seu conhecimento superior ao agente local;

c) Rigidez dos programas: a tendência de controle de todas as variáveis locais por programas muitas vezes dissociados da realidade, com cronogramas rígidos e inflexíveis;

d) Rapidez dos resultados e "*timing*" da proposta: a adoção de novas práticas no âmbito local requer tempo e é resultante de um longo processo de experimentação e avaliação, sujeito a inúmeros fatores subjetivos, muitos totalmente negligenciados pelos técnicos. Mudanças radicais em curto prazo freqüentemente estão dissociadas de sustentabilidade;

e) As opções tecnológicas: a adoção das chamadas tecnologias modernas pelo ator social local nem sempre é garantia de sucesso. Ao adotarem essas tecnologias, freqüentemente os atores sociais abandonam as suas práticas tradicionais e degradam o ambiente. Muitas vezes essas tecnologias não são apropriadas à realidade local e a importação de modelos pode ser um problema de difícil gerenciamento.

Os itens anteriormente discutidos parecem totalmente aplicáveis quando são discutidos projetos e programas turísticos em implementação no país e necessitam de uma reflexão mais responsável diante da perspectiva de se pensar o turismo como alternativa de desenvolvimento local.

Para que se possa caminhar nessa direção, algumas questões necessitam de resposta no plano da investigação:

- Como os atores sociais locais influenciam na construção do lugar turístico?
- Como os turistas influenciam na construção do lugar turístico?
- Como o lugar se configura como valor agregado do imaginário local?
- Qual o valor atribuído ao lugar turístico pelos turistas e pelos núcleos emissores?
- Quais os conflitos evidentes entre identidades endógenas e exógenas?
- Como pesquisar a "alma" do lugar turístico?

– Como valorar os valores intangíveis, imateriais do lugar turístico?

Construindo Estratégias de Turismo de Base Local

Delinear estratégias de turismo de base local capazes de contribuir para o equacionamento das questões levantadas requer um processo de mudança de mentalidade em planejamento turístico, e uma nova postura diante de uma realidade em transição, diante de um fenômeno ainda incipiente, no caso brasileiro.

Da mesma maneira, esse desafio se expressa na necessidade de busca de soluções criativas e na construção de um modelo endógeno de desenvolvimento turístico, capaz de ousar na inovação e de assimilar o compromisso de engajamento do ator social local como ponto focal de sustentabilidade. Isso requer o desenvolvimento de novas metodologias, capazes de lidar com a subjetividade e não apenas centradas na racionalidade.

Da mesma maneira, pressupõe uma nova abordagem de pesquisa e uma atitude acadêmica pró-ativa, mais flexível e pragmática, capaz de responder a questões cotidianas, de enfrentar a complexidade do "extramuros", de gerar dados e informações em resposta às demandas regionais, de ousar na formulação e na calibração de novas metodologias.

O compromisso de construção de Capital Social por meio de um projeto turístico só terá êxito se for resultante de um processo capaz de respeitar o tempo de resposta local. Para tal, a compreensão do significado do lugar turístico em todas as suas nuances e complexidade constitui o ponto focal. Da mesma maneira, é necessário mapear, numa visão prospectiva, a percepção, expectativas e motivações dos que estão e dos que virão a compor o lugar turístico.

No plano governamental, o turismo deve ser entendido como opção política para o desenvolvimento regional e, como tal, não pode ser entendido de forma fragmentada e compartimentada. É importante também ressaltar que esse é um tema transversal e interdisciplinar e requer um enquadramento estratégico em políticas públicas.

Embora o turismo represente tema ainda incipiente no Brasil, diversas são as iniciativas bem-sucedidas, em andamento, na perspectiva de desenvolvimento local, que requerem maior visibilidade. Nesse sentido, os projetos de turismo de base comunitária podem ser exemplos significativos de elevada replicabilidade e fontes inspiradoras para novos projetos.

Em termos concretos, é essencial, também, que se compreenda a dinâmica das identidades do lugar na perspectiva de desenvolvimento regional e das externalidades contemporâneas (e seus impactos) em planejamento turístico; no plano abstrato, o respeito ao sonho e ao valor intangível do simbólico e do imaginário.

O desafio de construção de estratégias de turismo de base local representa uma viagem fantástica à alteridade, o que implicaria necessariamente uma experimentação lúdica e uma nova concepção de planejamento, baseada em valores de cooperação, solidariedade e responsabilidade social.

REFERÊNCIAS BIBLIOGRÁFICAS

CARESTIATO COSTA, A. P. "Educação ambiental como estratégia de Desenvolvimento Local: um estudo de caso." Dissertação de Mestrado, Programa EICOS/IP/UFRJ, Rio de Janeiro, 2000.

COELHO, F.D.; FONTES, A. R. As redes de desenvolvimento econômico local. Banco do Nordeste/PNUD. *Cadernos Técnicos*, 2. Recife, 1998.

IRVING, M. A. Participação e envolvimento comunitário: garantia ética de sustentabilidade em projetos de desenvolvimento. *Espaço e Geografia*. Ano 2, nº 1, Brasília, 1999, pp. 135-141.

JORDÁN, A.; ZAPATA, T. Um programa de capacitação e transferência de metodologia para o desenvolvimento econômico local. Banco do Nordeste/PNUD. *Cadernos Técnicos*, 2. Recife, 1998.

LEROY, J.; SOARES, M. C. (Orgs.) *Bancos multilaterais e desenvolvimento participativo no Brasil: dilemas e desafios*. Rio de Janeiro: Fase/IBASE, 1998, 236 p.

MORIN, E. *Saberes globais e saberes locais: o olhar transdisciplinar*. Rio de Janeiro: Garamond, 2000.

PEREZ, B.; CARRILLO, E. *Desarrollo local: manual de uso*. Madrid: Esic, 2000.

PETERSEN, P. "Participação e desenvolvimento agrícola participativo: uma visão estratégica com ênfase na etapa do diagnóstico." *In:* PETERSEN, P.; ROMANO, J. O. (Orgs.) *Abordagens participativas para o desenvolvimento local*. Rio de Janeiro: AS-PTA/Actionaid Brasil, 1999.

PETERSEN, P.; ROMANO, J.O. *Abordagens participativas para o desenvolvimento local*. Rio de Janeiro: AS-PTA/Actionaid Brasil, 1999.

PORTUGUEZ, A. P. Pressupostos para a gestão participativa do turismo com base local. *Espaço e geografia*. Ano 2, nº 1, Brasília, 1999, pp. 111-119.

PUTNAM, R. D. *Making democracy work: civic traditions in modern Italy*. Princeton: Princeton University Press, 1993.

PUTNAM, R. D. *Comunidade e Democracia: a experiência da Itália moderna*. Rio de Janeiro: Fundação Getúlio Vargas Editora, 1996, 260 p.

VALCARCEL-RESALT, G. (Org.) *El desafio de las comunidades rurales tradicionales ante la Unión Europea: reorganizacion y desarrollo local sostenible*. Valladolid: Fundacion Navapalos/Universidad de Valladolid, 1998.

NATUREZA E SOCIEDADE NAS REDES SOCIOTÉCNICAS: O ECOTURISMO SOB O MODELO DOS COLETIVOS

Rosa Maria Leite Ribeiro Pedro

Ana Lucia Camphora Pacheco

Apresentação

Ao definir o uso sustentável dos patrimônios naturais e culturais, o incentivo à sua conservação, contribuindo para a formação de uma consciência ambientalista, através da interpretação do meio ambiente, e promovendo o bem-estar das comunidades envolvidas (EMBRATUR/IBAMA, 1994), o conceito de Ecoturismo – e as questões que emergem da formulação de suas diretrizes de planejamento – parecem traduzir um desafio: redimensionar a visão de mundo que configurou natureza e sociedade como categorias identificadas a partir de atributos opostos e, assim, dar visibilidade à complexa interação de valores e interesses naturais e sociais, continuamente deflagrada pelo segmento.

Trata-se, de fato, de um panorama no qual devemos reconhecer a impossibilidade de lançarmos mão de concepções próprias à Modernidade, dirigidas pelo antagonismo entre sociedade e natureza. Como alternativa, parece figurar uma outra perspectiva, capaz de apreender de uma outra forma as articulações entre humanos e não-humanos, as condições híbridas que mesclam atributos sociais e naturais. O aspecto decisivo de tal cenário parece ser a ausência de um critério unívoco para se traçar uma fronteira que isole propriedades especificamente humanas ou não-humanas.

Um mundo constituído por categorias puras, situadas no interior de campos opostos e incomunicáveis, parece ter sido, então, a forma própria do projeto moderno, que se forjou a partir da ruptura com um passado arcaico, deflagrando a "evolução" da civilização ocidental (Latour, 1994). Lançar luz sobre as circunstâncias que constituíram tal oposição é um bom ponto de partida para se buscar uma perspectiva mais simétrica, que possibilite um entendimento das condições híbridas da atualidade. A visibilidade da constituição moderna permite redefinir os princípios dicotômicos que moldaram as relações entre humanos e não-humanos, apontando para uma abordagem menos preocupada com a delimitação de categorias e fronteiras, e mais atenta à pluralidade e à dinâmica das articulações, que se destacariam de forma mais significativa, nas condições atuais.

A Configuração do Panorama Moderno

Para configurar o cenário em que se torna possível redimensionar a questão do Ecoturismo, é possível recorrer às conceituações do sociólogo Bruno Latour (1994, 2001) que, ao discutir os estatutos atribuídos ao par dicotômico sujeito/objeto, oferece a alternativa de desvincular sociedade e natureza dos atributos determinados pelo acordo modernista. Este acordo consistiu na delimitação de dois pólos distintos, com propriedades, competências e agrupamentos específicos, e garantiu que os fatos naturais e sociais permanecessem isolados e purificados, através do rompimento de todos os laços, influências e articulações possíveis entre as duas categorias. A construção de um esquema narrativo sobre fatos científicos – atestados sem nenhuma influência social – e sobre fatos políticos – exclusivamente legitimados por forças sociais – firmou dois poderes autônomos, constituídos através da representação científica dos processos naturais e da representação política dos fatos sociais. O estatuto científico concedeu aos objetos mudos uma representação fiel e disciplinada, através dos seus porta-vozes; e o poder político concedeu aos humanos a garantia de uma representação própria, exclusivamente social. A 'fronteira intransponível', que garantiu dispositivos próprios a cada categoria, resultou em uma visão de mundo onde a não-humanidade da natureza e a humanidade do social naturalizaram as diferenças entre humanos e não-humanos.

Apesar do objetivo de romper com a indistinção entre humanos e não-humanos, a modernidade produziu um desequilíbrio crescente entre suas práticas de purificação – com o objetivo de isolar os pólos 'das coisas em si' e 'dos homens entre eles' – e de hibridação – responsável pela produção de entidades que não poderiam ocupar nenhuma das duas categorias –, saturando de híbridos seu próprio sistema de representação dicotômico. Por não serem reconhecidos no interior do quadro constitucional moderno e por não exercerem qualquer influência na representação dos fatos naturais e sociais, estes híbridos revelaram uma amplitude inversamente proporcional à possibilidade de pensá-los, e mesmo localizá-los, no sistema dicotômico (Latour, 1994). Deslocados e impensáveis, foram eles que, contraditoriamente, garantiram a sustentação do projeto moderno. Este paradoxo pode indicar, por um lado, a inviabilidade do seu funcionamento a partir de tais regras e, por outro, o seu poder ilimitado produzido como efeito da sua 'dupla potência' garantida pelos poderes absolutos atribuídos à natureza e à sociedade.

Ao defender um estatuto, um reconhecimento e um lugar para os híbridos, desconsiderados pelo acordo moderno, Latour formulou outra configuração, capaz de refletir uma realidade onde os domínios de humanos e de não-humanos não seriam produzidos por competências atribuídas antecipadamente – mas renegociados em estabilizações provisórias e parciais. A noção de *coletivo*, que privilegia a visibilidade sobre as múltiplas associações que mobilizam humanos e não-humanos, instabiliza a delimitação das competências atribuídas ao humano, como sujeito das ações, em oposição a uma natureza exterior, campo dos objetos.

Em um coletivo, formas puras são resultados parciais, já que em nenhuma condição deixa-se de ser natural ou social; um híbrido não é reconhecível como sujeito, objeto e nem como simples mistura de partes naturais e sociais. Posições tomadas a partir de fatos ou valores têm caráter experimental; não existem desde sempre, nem abrigam valores transcendentes. São enfatizados o redimensionamento dos papéis – que deixam de ser fixos e de ter objetivos fixos –, e as competências e funções que podem ser atribuídas, simetricamente, a humanos e não-humanos. Uma ação deixa de ser entendida como o resultado de uma atribuição humana, mas das muitas formas de associação entre agentes humanos e não-humanos.

Ao reconhecer a impossibilidade de pensar qualquer estrutura social que não incorpore a participação de não-humanos, Latour (2001) propôs um melhor entendimento sobre o que, até então, foi considerado como objeto – natural ou técnico. Em um coletivo, as técnicas e os artefatos, que não existem como objetos puros e desumanizados, se entrelaçam ao humano de várias maneiras, envolvendo organizações, regulamentos e empregados, através de múltiplos mecanismos de articulação que incorporam as transformações sobre agentes e eventos. Como entidades não-humanas, os artefatos e os empreendimentos técnicos participam da composição dos coletivos, funcionando de diversas formas – inclusive como componentes morais das ações sociais –, quando a eles são delegadas atribuições do humano. A responsabilidade sobre a ação se divide entre todos os atores; papéis podem ser redistribuídos, fazendo do humano um mero intermediário ou do artefato, em menor ou maior grau, o ator principal da ação, nos permitindo rever a idéia de que uma ação consiste na simples associação entre causa e efeito.

As formas de mediação que promovem trocas de propriedades entre humanos e não-humanos não ocorrem por uma relação dialética entre as atribuições de sujeito e objeto, mas por articulações provisórias de habilitações, autoridades e competências. Essa visibilidade revela objetivos, intenções e desvios, ocultados sob a versão dicotômica que limitou e fixou competências às categorias de sujeito e objeto.

Sob tal perspectiva, pode-se reconfigurar a idéia do progresso moderno, no qual o futuro foi o principal repertório, a única direção possível a partir de um presente, entendido como o lugar das revoluções e das rupturas. A lógica moderna consistiu em escapar das trevas do passado em direção a uma nova verdade, clara e segura. O progresso consistiu num fluxo coerente e contínuo, agrupando e ordenando elementos contemporâneos como uma "máquina de criar diferenças" e excluindo aqueles que foram substituídos; portanto, um resultado das práticas de purificação, o lugar por excelência onde a ciência ou a razão desempenham o papel de ordenador do mundo. No entanto, nesses desdobramentos, segundo Latour, a modernidade parece ter criado confusões ainda maiores e mais extensas do que as do passado, mesclando subjetividade e objetividade; um número cada vez maior de coletivos e de comunidades mais íntimas com não-humanos parece ter dirigido e acelerado o sentido do progresso.

Nessas condições, pode-se substituir a flecha do tempo por uma espiral, onde o passado é retomado, repetido, reinterpretado, refeito; e onde o "arcaico" e o "avançado" mesclam-se em agrupamentos de elementos que pertencem a todos os tempos (Latour, 1994). A crença em um passado que fica "para trás" não impede o seu retorno através dos híbridos que *"misturam épocas, gêneros e pensamentos tão heterogêneos quanto os dos pré-modernos"* (Latour, 1994: 69). Assim como não é possível "voltar ao passado", na pretensão de sua repetição idêntica, tampouco pode-se considerar a possibilidade de "ruptura total" com o que ficou para trás; os híbridos rompem com esse fluxo temporal, já que seus coletivos serão sempre "politemporais", refletindo um *"resultado provisório da ligação entre os seres"* (Latour, *op. cit.*: 74).

Quando é possível acompanhar como os fenômenos são criados, transformados e representados, pode-se entender o significado da expressão "mediação sociotécnica": um processo onde, a cada momento, humanos e não-humanos delegam competências uns aos outros e cujas qualidades não seriam as mesmas fora do evento que os mobilizam. Para expor a extensão desses coletivos, Latour aplica o termo *rede* como um recurso que permite dimensionar as posições onde um não-humano adquire um significado e uma factibilidade. As interações entre coletivos variam em extensão, significado e, também, em função do conjunto de redes do qual participam. A constituição das redes varia com relação ao espaço e ao tempo, já que elas envolvem não apenas o que se fabrica, mas as decisões, os atores que atuaram em sua origem, as indústrias e ferramentas, os sistemas sociais e econômicos, suas organizações e instituições.

O modelo dos coletivos oferece uma alternativa ao mecanismo dicotômico moderno. Entretanto, ele não consiste em uma simples oposição ou crítica aos critérios que mantiveram humanos e não-humanos isolados como categorias contrárias; através dos coletivos pretende-se preencher a lacuna criada entre essas entidades puras. Nessa outra cenografia, onde competências não são mais obscurecidas sob a dicotomia sujeito/objeto:

- natureza e sociedade não são mais tratadas como categorias limitadas pelo modelo dicotômico;
- não é mais possível pensar o humano sem articulação com não-humanos (natureza e técnica);
- o sujeito e o objeto das ações não são mais definidos antecipadamente;
- não-humanos deixam de ser entendidos como objetos universais e padronizados, podendo mesmo tornar-se o ator principal da ação;
- os coletivos – em que humanos e não-humanos mesclam-se – determinam posições, significados e articulações variáveis entre os agentes, em função das redes das quais participam;
- ações não são mais atribuídas a humanos, por constituírem um resultado das associações de múltiplas competências, cuja responsabilidade se divide entre todos os atores;
- aos não-humanos podem ser atribuídos componentes morais, não mais pensados como propriedades exclusivas de humanos.

Redimensionando o Ecoturismo: Algumas Dicotomias em Questão

A partir dessas bases conceituais preliminares, propomos examinar algumas questões implicadas ao conceito de Ecoturismo, considerando os princípios que constituem seus objetivos nacionais (Embratur/IBAMA, 1994): a compatibilização da atividade com a conservação de áreas naturais, o fortalecimento das relações interinstitucionais, a participação efetiva de todos os segmentos envolvidos no setor, a capacitação de recursos humanos e a promoção da educação ambiental, através da atividade. Nas suas extensas redes de coletivos, são mobilizados agentes humanos e não-humanos, com competências políticas, científicas e técnicas distintas, em um cenário híbrido, orientado para harmonizar valores e interesses tradicionalmente conflitantes: a preservação da natureza e o desenvolvimento socioeconômico. Nos debates sobre sustentabilidade, diversidade cultural, biodiversidade, interesses locais e globais, enfoques estanques podem amplificar polêmicas e conflitos de expectativas nos domínios governamentais, comunitários, técnicos, comerciais, científicos e políticos. O desafio de harmonizar, a um só tempo, interesses naturais e sociais pode conduzir a disputas entre aqueles que representam e defendem os direitos da natureza e os que argumentam e defendem os direitos sociais.

Uma alternativa à visão de mundo dicotômica, que parece predominante nas reflexões e modelos de planejamento inspirados a partir do conceito de Ecoturismo, pode evidenciar a possibilidade de um outro olhar sobre as múltiplas dimensões articuladas pelo segmento. Nas práticas das políticas públicas nacionais para o seu desenvolvimento, além da elevada complexidade gerencial exigida para a implantação de programas sustentáveis, os procedimentos para sua viabilização sugerem a necessária revisão dos mecanismos assimétricos que orientaram as relações entre sociedade e natureza. Significa reavaliar, nos cenários de planejamento, os papéis atribuídos à natureza – que passa a participar das medidas implantadas, como agente prioritário – e às populações locais – tradicionalmente excluídas do campo das decisões. O poder público, através dos diversos órgãos setoriais que atuam em âmbito federal, estadual e municipal, ainda não parece capacitado para coordenar múltiplas demandas simultâneas: cooperação interinstitucional, viabilização de alternativas para a captação de recursos, qualificação de pessoal, mobilização comunitária, controle das formas de utilização dos recursos naturais e culturais, visão integrada sobre esses patrimônios.

O conceito de Ecoturismo aponta para um redimensionamento de categorias determinantes nas ações de planejamento; não parece haver, na atualidade, melhor exemplo de extensão das articulações entre natureza e sociedade. Nas suas redes de coletivos podem ocorrer interações dinâmicas; competências não se fixam ou se restringem a uma única categoria. Uma geometria variável nos permite abordar os cenários múltiplos onde atuam agentes distintos, cujo papel deixa de ser considerado pontual ou definitivo. Através das redes é permitida a visibilidade de interações, potenciais de ação e mobilização específicos em um determinado contexto. Torna-se, assim, difícil reproduzir critérios, aplicar modelos estanques, ou mesmo formular uma única leitura capaz de definir o poder e a esfera de atuação de determinada categoria.

Nas condições híbridas que dominam o cenário ecoturístico, a dicotomia moderna figura, possivelmente, como o principal obstáculo à viabilização dos objetivos do segmento. A incompatibilidade entre desenvolvimento e conservação da natureza seria considerada como o principal desafio associado à atividade (EMBRATUR/IBAMA, 1994). As dimensões de maior visibilidade implicadas ao segmento – segundo critérios nacionais (EMBRATUR/IBAMA, *op. cit.*) e internacionais, priorizados pelas Nações Unidas (Hillel, 2001) e na Carta de Quebec[1] – parecem ainda se pautar por um modelo

---

[1] A Carta de Quebec reúne as recomendações geradas durante o Encontro Mundial de Ecoturismo, realizado na cidade de Quebec, Canadá, em 2002, com a participação de 132 nações. A Carta enfatiza a complexidade econômica, social e ambiental da atividade e é dirigida a governos, ONGs, setores empresariais, municípios e comunidades (ONU, 2002).

predominantemente dicotômico, fazendo emergir as seguintes polaridades: comunidades locais e turistas, desenvolvimento econômico e sustentabilidade, local e global.

A tendência de identificar *comunidades receptoras locais e comunidades de turistas* como categorias contrárias pode facilitar a percepção dos conflitos e valores distintos em jogo nessa relação, mas também pode encobrir formas mais complexas de articulação, por obscurecer possíveis laços e influências criadas pelas competências de outros vínculos possíveis. O turismo incita à distinção de, pelo menos, dois tipos de sujeito em interação: aquele que, por sua mobilidade, vai ao encontro de um outro que, na maioria das vezes, parece restrito à sua condição local. Nesses encontros, as comunidades locais têm sido identificadas por uma condição restrita a seus espaços e tempos, por seu isolamento relativo e estilos de vida onde predominam atividades de subsistência; as comunidades de turistas seriam identificadas por sua integração a um contexto sociocultural mais amplo, urbano-industrial, e como participantes de uma economia global. Esta oposição não favorece a solução de questões que se multiplicam, na atualidade, pelo aumento da demanda por novas opções de destinos para turistas, nem mesmo corresponde ao fato de que as comunidades receptoras têm apresentado uma postura mais participativa, no conjunto das iniciativas para o desenvolvimento local.

O cenário que opõe este dois atores sociais parece refletir o modo pelo qual a sociedade ocidental moderna se concebeu: uma condição de ruptura com relação a todas as outras sociedades, consideradas pré-modernas, primitivas ou tradicionais. O acesso privilegiado da civilização moderna a uma natureza universal determinou a todas as outras a condição de uma visão limitada, relativa, contingente, local. A ciência garantiu esse predomínio; a racionalidade e a eficiência técnica modernas operaram o ordenamento e a classificação de tudo o que pareceu desorganizado e irracional, para combater as misturas próprias do mundo incivilizado e eliminar a confusão entre crenças e fatos, mitos e leis universais – coube às etnociências o entendimento sobre suas crenças, técnicas e domínios, considerados como aspectos restritos e parciais de uma representação monista do mundo (Latour, 1996).

A distinção entre o saber científico e os outros saberes instituiu a crença fundamental de que os modernos são completamente diferentes de todas as outras sociedades e que seu conhecimento sobre a natureza, não deformado por nenhum ponto de vista local, transcende aos aspectos contingentes da cultura. Essa "grande divisão" (Latour, 1983) parece ter dirigido toda a narrativa moderna sobre as outras culturas, consideradas, a partir daí, como relativas e contingentes. Por acreditar no acesso à natureza universal, a sociedade ocidental definiu o relativismo de todas as outras, cujo acesso à natureza foi restrito por suas limitadas perspectivas culturais.

A definição do conceito de Ecoturismo parte ainda de duas concepções distintas e opostas de *desenvolvimento*: o modelo dirigido pelo crescimento econômico e o modelo baseado na noção de sustentabilidade. No enquadramento das questões relacionadas com os aspectos conceituais e estratégias de planejamento do segmento ecoturístico, os modelos de desenvolvimento econômico e de desenvolvimento sustentável têm sido, freqüentemente, considerados como categorias opostas. No setor turístico, o modelo de desenvolvimento econômico implica crescimento rápido, descontrolado, quantitativo, com pouca ou nenhuma gestão local, enquanto o modelo sustentável aponta para o crescimento controlado, qualitativo, a longo prazo, com controle local (Swarbrooke, 2000). O planejamento centralizado e a exclusão das populações locais dos processos de decisão seriam condições dirigidas por um modelo de desenvolvimento não sustentável. A lógica da sustentabilidade, aplicada ao planejamento turístico, compreenderia projetos de base local, mobilização comunitária e a intenção de enfocar o ambiente como um bem coletivo, a ser preservado em suas dimensões econômica, ecológica e social (Irving in Irving e Azevedo, 2002).

O modelo de desenvolvimento em que a economia dirigiu as relações entre humanos e não-humanos tem estreita correspondência com a sociedade moderna – que acreditou existir à parte de uma natureza e das outras sociedades. Sob uma perspectiva simétrica, Latour (Latour *et al*, 1998) aponta para a mediação de interesses naturais e sociais, e levanta a questão de se a sustentabilidade poderia emergir como um modelo mais fiel à lógica dos cenários híbridos da atualidade. Cabe investigar quais novos poderes redistribuir e quais os conceitos, transformações intelectuais e morais produzir para este outro encaixe da natureza no interior das sociedades, que sugere outra organização, a partir das "*múltiplas traduções sociais dessa natureza que o homem não deixou de levar em conta desde que é homem*" (Latour *et al*, 1998:95). O modelo de desenvolvimento econômico, segundo este entendimento, não se constituiria como um desenvolvimento alienado da natureza, mas como a forma moderna de vincular desenvolvimento e natureza – constituídos como categorias arbitrariamente naturalizadas como opostas, no interior da sociedade ocidental.

O entrelaçamento dos fatores *locais* e *globais* pode ser considerado como uma questão intrínseca ao conceito de Ecoturismo; aspectos ambientais, políticos e socioculturais locais, de um lado, e pressões internacionais ou o uso de tecnologias alternativas de consumo de energia, de outro lado. A idéia de globalização parece estar sempre presente, comunicando sua universalidade sobre qualquer instância local; e a distinção entre o local e o global – sendo um definido a partir do que se atribui ao outro –, como recurso que consiste em utilizar extremos que se definem e se opõem (Latour, 2001). Dois argumentos que reforçam esses atributos dicotômicos devem ser examinados: o primeiro diz respeito à crença na condição universal atribuída ao Ocidente; o segundo trata da necessidade de distinguir a idéia de difusão global da noção de rede.

No conceito de Ecoturismo, elementos dissociados passam a partilhar um destino comum dentro dos coletivos. Avalia-se a diferença de escala determinada pelo número de não-humanos presentes no tecido de um coletivo; suas mediações permitem avaliar sua extensão: um coletivo que configura um número limitado de mediações entre humanos e não-humanos caracteriza uma maior distância entre sociedade e tecnologia, designando um contexto similar ao das comunidades locais, limitadas a seus espaços e tempos. Outro coletivo pode conter, em escala mais ampla, um maior entrelaçamento de humanos e não-humanos, em transações mais numerosas, que mobilizam mais humanos, em cadeias mais extensas. Esta perspectiva, comparativa, sugere continuidade e não ruptura; seus eventos, mediações, instrumentos e instituições são determinados por condições relativas a territórios alargados ou a conexões mais restritas. Elimina-se, portanto, a idéia de um global capaz de se estender por todas as direções, além dos nós e das linhas formadas por seus coletivos, onde os limites e divisões que se estabilizam como um conjunto de fatos e valores são, apenas, resultados de um ordenamento específico, resultado da extensão de suas redes. Por isso, parece impossível constituir um modelo topológico de ordenamento e de causalidade entre as categorias local e global – que apenas correspondem às dimensões das relações entre humanos e não-humanos nas redes conectadas.

Pode-se, a partir daí, repensar a tendência ocidental de ver totalidades sobre suas redes ampliadas. Variações entre o local e o global resultam de um dimensionamento que atribuiu ao Ocidente a condição universal ou global, em oposição à condição circunstancial e relativa do local. Apesar de reproduzir a idéia de um "universal absoluto", tão a gosto do mito dos domínios científicos modernos, este efeito não provém de uma mesma causa; a difusão global resultante de uma disseminação sobre o espaço e o tempo não corresponde à concepção de rede. Um emaranhado de redes, acordos, procedimentos locais, organismos, entidades e linhas de força seriam menos a expressão de uma superfície ampla do que de linhas conectadas. Conforme observou Latour (*op. cit.*), enquanto as ondas magnéticas estão em toda parte, é preciso de uma antena, uma assinatura, um decodificador e um aparelho de televisão para ter acesso aos canais fechados. A universalidade global é exclusivamente determinada pela diferença de tamanho e número de conexões dos coletivos modernos; mas é a sua oposição ao particularismo e à contingência local que define sua descontextualização: ou se vive no interior de contextos micro, de forte interação pessoal ou, subitamente, se passa ao nível macro, despersonalizado.

Considerações Finais

Para demonstrar o alcance do modelo dos coletivos como perspectiva de problematização das dimensões implicadas ao conceito de Ecoturismo, optamos pelo exame de três pares de categorias. A configuração proposta não se constitui como um modelo fixo, servindo exclusivamente como um fio condutor para determinados aspectos que consideramos significativos para o propósito de habilitar o olhar, pautado pela delimitação ordenada de categorias puras, a um sistema de representação atento às formas de mediação e à permutação de papéis. Observamos que, com freqüência, esses pares se configuram como categorias opostas; esta condição nos facilitou a exposição dessa síntese de argumentos sobre a possibilidade de reconfigurar um cenário aparentemente naturalizado.

A partir dessas mediações, diálogos podem ser redimensionados para facilitar a solução de problemas que não parecem estar limitados, exclusivamente, aos domínios da natureza ou da sociedade. Problemas aos quais ficamos devendo soluções e, por isso mesmo, parecem tornar-se predominantes, na atualidade. A visão de mundo dicotômica parece se colocar, hoje em dia, como o próprio empecilho à dinâmica necessária para ações mais coerentes e eficientes, no esforço de conjugar valores e interesses que "beneficiem" – e, aqui, o sentido de consertar, melhorar, reparar, não está ausente – os direitos dos humanos e não-humanos que atuam no cenário ecoturístico.

REFERÊNCIAS BIBLIOGRÁFICAS

EMBRATUR/IBAMA. *Diretrizes para uma política nacional de Ecoturismo*. Brasília: EMBRATUR, 1994.

HILLEL, O. Ecotourism as a tool for sustainable development: trends and challenges. *Boletim de Turismo e Administração Hoteleira*, n° 2. São Paulo, 2001.

IRVING, M.A. "Participação: questão central na sustentabilidade de projetos de desenvolvimento." *In:* IRVING, M.A.; AZEVEDO, J. (Org.) *Turismo: o desafio da sustentabilidade*. São Paulo: Futura, 2002.

LATOUR, B. Comment redistribuer le grand partage? *Revue de Synthèse*, vol. CIV, 1983, nº 110: 203-235.

LATOUR, B. *Jamais fomos modernos*. Rio de Janeiro: Ed. 34, 1994.

LATOUR, B. *Petite refléxion sur le culte moderne des dieux faitiches*. Paris: Synthélabo, 1996.

LATOUR, B.; SCHWARTZ, C.; CHARVOLIN, C. "Crises dos meios ambientes: desafios às Ciências Humanas." *In:* ARAÚJO, H. R. (Org.) *Tecnociência e cultura: ensaios sobre o tempo presente.* São Paulo: Estação Liberdade, 1998.

LATOUR, B. *A esperança de Pandora.* São Paulo: EDUSC, 2001.

ORGANIZAÇÃO DAS NAÇÕES UNIDAS. *Carta de Quebec.* Quebec: ONU, 2002.

SWARBROOKE, J. *Turismo sustentável – conceitos e impacto ambiental.* São Paulo: Aleph, 2000.

PROJETO SANA SUSTENTÁVEL: UMA INICIATIVA DE BASE COMUNITÁRIA

Marta de Azevedo Irving
Aline Montechiari Flavia Mattos
Gustavo Melo
Leonardo Siqueira
Livi Faro
Rachel Soares
Rodrigo Nascimento

O Projeto Sana Sustentável tem o objetivo de, através da pesquisa participante, promover o engajamento dos atores sociais no processo de planejamento turístico, tendo como compromissos centrais a conservação de recursos naturais, a valorização do patrimônio cultural e a construção de capital social. Essa iniciativa tem um caráter totalmente voluntário e foi financiada com recursos próprios de alunos e professores do Instituto de Psicologia da UFRJ, recebendo auxílio da FAPERJ para as atividades realizadas no ano de 2002.

O projeto constitui o desdobramento de um trabalho com o mesmo enfoque realizado no município de Santa Maria Madalena, no sentido de apoiar um modelo de planejamento turístico de base comunitária e a conservação ambiental do Parque Estadual do Desengano, no Estado do Rio de Janeiro (Irving *et. al.*, 2000).

Seus objetivos específicos são: a capacitação de lideranças da comunidade, visando a multiplicação do processo de sensibilização ambiental em toda a região; contribuir com atividades de apoio à implantação da APA do Sana; elaborar pesquisa de percepção ambiental e turística da comunidade e do turista que visita o Sana; contribuir para a construção da Agenda 21 Comunitária, produzir e editar vídeos e materiais informativos e educativos em apoio às demandas locais; e implantar um site sobre o projeto que viabilize o acesso das lideranças interessadas a material bibliográfico relevante em turismo sustentável e conservação ambiental na região.

O projeto surgiu inicialmente da demanda local, através da parceria do Programa EICOS/IP/UFRJ com a ONG Pequena Semente do Distrito do Sana (6º Distrito do Município de Macaé – RJ) e da necessidade de desenvolvimento de metodologias participativas, capazes de promover a reflexão e o engajamento efetivo dos atores sociais no processo de planejamento turístico, numa área rural de grande potencial, mas também sob pressão de impactos crescentes decorrentes do fenômeno turístico. O projeto foi também motivado pelo movimento de resgate do papel social da universidade e pela demanda de capacitação de alunos da graduação e pós-graduação em projetos participativos de desenvolvimento, de base sustentável. Sob essa ótica, o projeto pretende contribuir para a formação de novas gerações capazes de pensar estrategicamente, com consistência teórica e metodológica, a partir da transformação do aluno de sujeito passivo em sujeito pensante e atuante, transformador e crítico, protagonista de uma nova realidade. Em pequena escala, um passo na inovação da práxis acadêmica rumo ao exercício de cidadania.

A abordagem teórica do trabalho está centrada no conceito de turismo sustentável e adota como premissa a perspectiva de que o turismo, quando bem desenvolvido, a partir da participação dos atores sociais e de um planejamento integrado e participativo, considerando o cenário futuro e as tendências de desenvolvimento regional, contribui, potencialmente, para a conservação dos recursos naturais e geração de benefícios para as populações locais.

O conceito de turismo sustentável tem sido discutido por vários autores, a partir de Ceballos-Lascuráin (1996) que apóia essa terminologia como descritor amplo, empregado para denotar todos os tipos de turismo, baseado em recursos naturais ou produzidos pelo homem, que contribua efetivamente ao desenvolvimento sustentável, assumindo portanto todas as premissas a ele associadas (Irving, 2002). Sendo assim, na concepção do presente trabalho, **turismo sustentável** pode ser entendido como uma modalidade de desenvolvimento turístico que privilegia em seu planejamento a conservação de recursos naturais, o resgate e valorização de patrimônio cultural e a geração de benefícios diretos à população do destino. Esse conceito implica no compromisso de sustentabilidade, associado à perspectiva de permanência temporal, o que requer a construção de capital social e a participação dos atores locais no processo de tomada de decisões.

Com esse enfoque, segundo Freire (1982), o educador/facilitador trabalha *com* os indivíduos e não *sobre* os indivíduos, a quem considera sujeitos e não objetos. Assim, a função social do educador/facilitador é fornecer dispositivos que facilitem o agenciamento da transformação, auxiliando a descoberta de caminhos e o revelar de significados.

Com essa inspiração, a base metodológica do trabalho se sustenta na pesquisa participante, que, segundo Demo (1984), tem o compromisso de transformação social, privilegiando portanto a relação direta do pesquisador com a realidade, envolvendo assim a patente filiação educativa, a idéia de superação dos procedimentos tradicionais do conhecimento, a opção crítica e política, a união entre a teoria e a prática, o envolvimento comunitário.

A pesquisa participante parte de uma perspectiva crítica e, de acordo com Brandão (1999), implica a recusa dos mitos de neutralidade e objetividade, clássicos na pesquisa tradicional. Para o autor, o trabalho de campo com essa perspectiva é condição essencial para que a participação dos sujeitos sociais ocorra, sendo os mesmos percebidos como protagonistas e não como objetos.

Minako (1992) reafirma a pesquisa participante como etapa essencial na pesquisa qualitativa e afirma que, na medida em que convive com o grupo social, o observador pode retirar de seu roteiro questões que percebe como irrelevantes, adquirindo maior capacidade de reinterpretar o lugar.

A pesquisa participante reforça a concepção construtiva de novas possibilidades metodológicas e parte do pressuposto que, quanto mais diversificado e interdisciplinar for o repertório do pesquisador, mais ricas e criativas serão as suas associações com a realidade pesquisada. Significa, portanto, a possibilidade de ampliação do olhar do pesquisador sobre um grupo social, a partir do entendimento de que este não se configura em limites espaciais e temporais pré-definidos, engessados a partir da conveniência dos métodos clássicos de pesquisa.

No entanto, se, por um lado, a pesquisa participante amplia as possibilidades de observação do cotidiano de um grupo social e implica o real envolvimento do pesquisador, ela está também sujeita ao fator imprevisibilidade, o que requer um esforço contínuo de ajustes de planejamento, reorientação de propostas e flexibilização de abordagem.

A partir da utilização da pesquisa participante, o trabalho tem se concentrado, desde o seu início, na construção e avaliação de metodologias capazes de promover o engajamento comunitário através das temáticas do turismo e conservação ambiental, no sentido de maximização da autonomia das populações envolvidas. Assim, três conceitos foram norteadores da proposta: os conceitos de participação, como garantia ética de sustentabilidade (conforme discutido por Irving, 1999), capital social (Putnam,1993 *apud* Putnam, 1996) e desenvolvimento de base local, no presente trabalho inspirado no enunciado de Carestiato (2000).

A leitura do conceito de capital social se vincula ao conjunto de associações horizontais entre pessoas em redes de atuação e modelos de associação capazes de influenciar a produtividade de uma determinada comunidade, estabelecendo o que Putnam (1996) denomina de uma "comunidade cívica", na qual a cidadania implica direitos e deveres iguais para todos.

Com a mesma lógica, segundo Carestiato (*op. cit.*), desenvolvimento local pode ser compreendido como "construção de poder endógeno para que determinada comunidade possa autogerir-se, desenvolvendo o seu potencial socioeconômico, preservando seu patrimônio ambiental e superando as limitações na busca contínua de qualidade de vida de seus indivíduos" (Carestiato, 2000, p. 27).

Nesse caso, o trabalho junto a um determinado grupo social considera a comunidade foco da pesquisa em processo de transformação de uma perspectiva histórica de "comunidade passiva e receptora" para um status intermediário de "comunidade coadjuvante", no sentido desejado e projetado de "comunidade protagonista e influente". Evidentemente que esse é um processo gradual, que necessita de grande sensibilidade do pesquisador e capacidade permanente de flexibilização dos objetivos traçados para a investigação. Vale ainda ressaltar que a pesquisa participante vinculada à interpretação do fenômeno turístico em sua vertente ambiental e social, lida obrigatoriamente com a perspectiva do conflito, o que reforça ainda mais a complexidade do tema trabalhado. Esse foi, portanto, o grande desafio do Projeto Sana Sustentável, em fase de conclusão para o período 2000/2002.

No que diz respeito à área de estudo, o distrito do Sana está situado a 165 km da cidade do Rio de Janeiro e se limita a norte pelo município de Trajano de Morais, a sul por Casimiro de Abreu, a oeste por Nova Friburgo e a leste por Cachoeiros de Macaé (3° Distrito de Macaé).

Alguns dados sistematizados e discutidos por Sardenberg (1975) e Seabra (2001) indicam que a área foi originalmente ocupada por colonos europeus que se instalaram na região em 1824 para implantar o cultivo do café. Esses colonos, vindos de Nova Friburgo, teriam se instalado próximo aos rios e comparado, naquela ocasião, o atual rio Sana ao rio Sena na França. O ajuste de pronúncia ao português teria sido a origem da denominação da localidade.

O cultivo de café prosperou na região e atraiu imigrantes de várias nacionalidades, tornando o Sana uma das mais bem-sucedidas áreas cafeeiras do norte fluminense, chegando a atingir uma população de 11.000 habitantes, na década de 30. Com a decadência do café, a região assistiu a um esvaziamento populacional progressivo e precisou conviver com uma situação crítica com relação a alternativas econômicas e degradação dos solos. Essa situação persistiu até aproximadamente a década de 90, quando a região começou a atrair um público alternativo da cidade do Rio de Janeiro e outros núcleos urbanos, em busca de um padrão de vida mais saudável e de um convívio mais próximo com a natureza. Esse movimento ilustra uma tendência atual típica de re-significação do espaço rural e do reencantamento pela natureza segundo o olhar urbano. Evidentemente que esse cenário gera uma oportunidade exemplar para o desenvolvimento progressivo do turismo, principalmente quando se considera o potencial natural e cultural de uma região com a característica do Sana, que abriga um conjunto significativo de atrativos como trilhas em áreas de florestas, cachoeiras e piscinas naturais. Assim, desde a década de 90, o turismo vem se desenvolvendo em paralelo às atividades agropastoris, como as plantações de inhame e banana, além da pecuária leiteira.

Pela relevância do seu patrimônio natural e pela necessidade de uma gestão mais eficiente sob a ótica ambiental, toda a área do Distrito do Sana foi transformada recentemente em Área de Proteção Ambiental de âmbito municipal. Sendo assim, além do turismo ter se transformado em alternativa econômica de grande impacto em alguns períodos do ano, a região se mobiliza também para a implantação do Conselho Gestor da APA, que visa contribuir para o ordenamento do uso do solo e conseqüentemente das atividades econômicas incidentes no distrito.

Nesse contexto e com base na percepção de que o turismo se instala no Sana de maneira irreversível e progressiva, o Projeto Sana Sustentável vem sendo construído pelo Programa EICOS/IP/UFRJ desde 2000, através de metodologias participativas envolvendo as principais lideranças locais, com o objetivo de se construir uma estratégia de base comunitária para o planejamento turístico sustentável e para a conservação de recursos naturais.

O Projeto se Desenvolve em Duas Modalidades: Pesquisa e Extensão Universitária.

Na extensão universitária, a metodologia se sustenta na organização e realização de eventos informativos e de construção de estratégias participativas para planejamento turístico e ambiental. Assim, os eventos de extensão são planejados não apenas para atender às demandas identificadas, mas também como ferramenta metodológica da pesquisa participante, para o delineamento de planos de ação e estabelecimento de compromissos que maximizem os esforços para o desenvolvimento local. Todo o planejamento se efetiva em reuniões preparatórias envolvendo as equipes docente e discente e se sustenta em diagnósticos sistemáticos de expectativas e demandas locais, realizados nas etapas preliminares da pesquisa e a partir das avaliações comunitárias de cada encontro. Com essa filosofia, durante o período de 2000/2002 foram realizados diversos eventos.

No ano de 2000, os esforços foram dirigidos às oficinas participativas para a construção do Projeto Criança Semente, em conjunto com a ONG Pequena Semente (demanda que deu origem ao projeto) e para a realização do Encontro de Sensibilização Ambiental das lideranças locais. O projeto foi gerado e entregue à comunidade local para captação de recursos e desdobramentos subseqüentes.

Em 2001, a partir de instrumentos de pesquisa específicos (questionários semi-estruturados), foi realizado um diagnóstico sobre as lideranças, problemas e expectativas da comunidade local e os resultados foram discutidos com a comunidade em três encontros sobre Turismo e Meio Ambiente. Os principais problemas apontados e priorizados pela comunidade local foram o lixo, o barulho, a desordem nas ruas, a omissão do Poder Público, a falta de consciência ecológica dos moradores e dos turistas e a limitada valorização dos produtos regionais e da cultura local. Os problemas priorizados deram origem a um Plano de Ação Comunitário. Ainda em 2001 foi realizado o evento intitulado "O Turismo e o Sana" e dele decorreu a construção participativa das "Regras Comunitárias para o Turista que visita o Sana" e uma Matriz Qualificada de Atrativos Turísticos. Essa documentação foi sistematizada, disponibilizada e distribuída.

Em 2002 foi realizado um seminário sobre a APA do Sana, tema de alta relevância no contexto recente de decretação da área protegida pela prefeitura de Macaé, que gerou um documento com as recomendações da comunidade para o futuro Conselho Gestor da APA, em fase de implantação. Tendo em vista o momento atual do projeto, a construção da Agenda 21 Comunitária emergiu como ação prioritária, no sentido de promover e agregar a reflexão sobre o cenário futuro e as demandas já explicitadas pela comunidade local. Assim, até setembro de 2002 foram também realizados três seminários preparatórios para a construção da Agenda 21 Comunitária do Sana, com base em todos os dados e informações levantados em 2000 e 2001. Está previsto um seminário para a consolidação das propostas ainda em dezembro de 2002.

No âmbito da pesquisa, além do exercício da pesquisa participante em todos os níveis previamente descritos, estão em andamento duas pesquisas individuais: uma sobre percepção ambiental e turística da comunidade do Sana, aplicada a todas as lideranças e moradores do Sana que participaram do projeto nas suas diversas iniciativas de extensão, e outra semelhante, dirigida aos turistas que visitam o Sana, num total de mais de 200 entrevistados em vários períodos do ano. Os dados das duas pesquisas estão em fase final de sistematização e objetivam contribuir para as políticas públicas regionais, no âmbito do planejamento turístico e da conservação ambiental.

Os resultados obtidos tendem a confirmar que o processo de planejamento turístico, para ser sustentável, deve ser adequado às especificidades locais, respeitar o tempo de resposta do lugar turístico e considerar as demandas e expectativas dos turistas e das comunidades locais.

Embora o processo de engajamento comunitário seja lento quando se trabalha com a pesquisa participante, diversos resultados alcançados parecem indicar o êxito do projeto: o reconhecimento da seriedade da iniciativa pelos sujeitos sociais locais, as ações e desdobramentos práticos encaminhados a partir dos encontros (e produtos gerados) pela própria comunidade, a difusão efetiva de informações técnicas com relação à conservação ambiental e planejamento turístico de base sustentável, a capacitação de estudantes de graduação e pós-graduação já envolvidos em novos projetos, a partir da experiência adquirida, a calibração de métodos participativos inovadores, a geração de dados e informações sobre a área em temas pouco estudados e a contribuição efetiva da universidade em projetos de cunho social e ambiental.

Embora ainda em fase de conclusão, algumas reflexões parecem relevantes quando se busca avaliar o desempenho do projeto. É inquestionável que um projeto dessa natureza gera importantes lições aprendidas. A primeira delas diz respeito à dificuldade de instalação de um processo participativo numa perspectiva cultural em que o paternalismo e o assistencialismo têm caracterizado historicamente a ação política. Da mesma forma, projetos com essa proposta metodológica devem prever um tempo lento de resposta e devem ser flexíveis e dinâmicos, capazes de ajustes contínuos e delineamento freqüente de novas estratégias. Um tópico central a ser discutido diz respeito à questão do conflito, que demanda novas abordagens e grandes investimentos metodológicos. Finalmente, projetos com o enfoque descrito representam uma oportunidade sem precedentes para o exercício permanente da cidadania.

Como desdobramentos futuros, o Projeto Sana Sustentável, em seu segundo ciclo, a partir de 2003, deverá investir na consolidação da Agenda 21 Comunitária e no desenvolvimento de estratégias e mecanismos participativos para o ordenamento da atividade turística.

REFERÊNCIAS BIBLIOGRÁFICAS

BRANDÃO, C. *Pesquisa participante.* São Paulo: Brasiliense, 1999.

CARESTIATO, A. P. C. "Educação ambiental como estratégia de desenvolvimento local: um estudo de caso." Dissertação de Mestrado, Programa EICOS/IP/UFRJ, Rio de Janeiro, 2000.

CEBALLOS-LASCURÁIN, H. *Tourism, ecotourism and protected areas.* Switzerland: The World Conservation Union, 1996.

DEMO, P. *Pesquisa participante: mito e realidade.* Rio de Janeiro: SENAC/DN, 1984.

FREIRE, P. *Ação cultural para a liberdade.* Rio de Janeiro: Paz e Terra, 1982.

IRVING, M. A. Participação e envolvimento comunitário: garantia ética de sustentabilidade em projetos de desenvolvimento. *Espaço e Geografia.* Ano 2, nº 1, Brasília, 1999, pp. 135-141.

IRVING, M. A; RODRIGUES, C. G. de O; NEVES FILHO, N. C. Construindo um modelo de planejamento turístico de base comunitária: um estudo de caso. *Documenta*, ano 7, nº 10, 2000, pp. 59-82.

_____________ "Turismo, ética e educação ambiental." *In:* IRVING, M.A.; AZEVEDO, J. (Orgs.) *Turismo: o desafio da sustentabilidade.* São Paulo: Futura, 2002.

MINAKO, M. C. S. *O desafio do conhecimento: pesquisa qualitativa em saúde.* São Paulo: Hucitec, 1992

PUTNAM, D. *Comunidade e democracia: a experiência da Itália moderna.* Rio de Janeiro: Fundação Getúlio Vargas Editora, 1996.

SEABRA, L. "Por um turismo de cuidado: metodologia de impacto de visistação e capacidade de suporte ecoturísticos para

Sana – Macaé-RJ." Projeto de Tese de Doutorado, Departamento de Geografia. UFRJ, 2001.

SARDENBERG, O. *O meu distrito Macaé/RJ.* Publicação da Associação Macaense de Literatura, 1975.

OS AUTORES

Os autores, por ordem de apresentação dos capítulos, são:

Maria Inácia D'Avila Neto – professora titular da UFRJ, Programa EICOS, doutora em Psicologia Social pela Univ. Paris VII.

Rosa Leite Ribeiro Pedro – professora adjunta da UFRJ, Programa EICOS, doutora em Comunicação e Cultura, ECO/UFRJ.

Tania Barros Maciel – professora adjunta da UFRJ, Programa EICOS, doutora em Ciências da Educação pela Univ. Paris V.

Cecilia de Mello e Souza – professora adjunta da UFRJ, Programa EICOS, é PhD. em Antropologia pela Universidade da Califórnia, Berkley.

Ana Maria Szapiro – professora adjunta da UFRJ, programa EICOS, doutora em Psicologia, PUC/RJ

Naumi Antonio de Vasconcelos – professora pesquisadora associada do programa EICOS, doutora pela Université Louvain, Bélgica.

Maria Lucia Rocha-Coutinho – professora adjunta da UFRJ, programa EICOS, doutora em Psicologia PUC/RJ.

Marta de Azevedo Irving – professora adjunta da UFRJ, programa EICOS, doutora em Gerenciamento de Recursos Hídricos/Oceanografia, USP/SP.

Como pesquisadores associados às pesquisas:

Gloria Moreira, Anunciatta Bonini, Lourdes Brasil e Cristiana Moniz de Aragão Baptista são doutorandas do Programa EICOS.

Ana Lucia Camphora é mestre em Psicossociologia de Comunidades e Ecologia Social, pelo Programa EICOS/UFRJ.

Sandra Fortes é professora de Psicologia Médica da UERJ.

Sonia Maria Baptista da Silva é psicóloga do hospital Escola São Francisco de Assis da UFRJ.

Como estagiários:

Aline Montechiari Flavia Mattos, Gustavo Melo, Leonardo Siqueira, Livi Faro, Rachel Soares e Rodrigo Nascimento – alunos de graduação do Instituto de Psicologia da UFRJ, participando de grupos de pesquisa do Programa EICOS.

O PROGRAMA EICOS

O Programa EICOS – Estudos Interdisciplinares de Comunidades e Ecologia Social, criado no Instituto de Psicologia da UFRJ, dedica-se à formação e à pesquisa, englobando as linhas de Comunidades, Meio Ambiente e Desenvolvimento; Gênero e Desenvolvimento; e Ética, Saberes, Subjetividades e Desenvolvimento.

Agrupa alunos da Graduação, Mestrado, Doutorado, além de pesquisadores associados, com diversos trabalhos de extensão universitária e ações/pesquisas participativas em comunidades.

Professores do Programa

Ana Maria Szapiro – doutora em Psicologia, PUC/RJ.

Cecília de Mello e Souza – PhD. em Antropologia pela Universidade da Califórnia, Berkley.

Fernanda Bruno – doutora em Comunicação, ECO/UFRJ.

Jacyara C.Rochael Nasciutti – doutora em Psicologia, Univ. de Paris VII.

Leila Sanches de Almeida – doutora em Psicologia, USP/SP.

Maria Inácia D'Avila Neto – titular, doutora em Psicologia Social pela Univ. Paris VII.

Maria Lucia Rocha-Coutinho – doutora em Psicologia, PUC/RJ.

Marta de Azevedo Irving – doutora em Gerenciamento de Recursos Hídricos/ Oceanografia, USP/SP.

Naumi Antonio de Vasconcelos – doutora pela Université de Louvain , Bélgica.

Rosa Maria Leite Ribeiro Pedro – doutora em Comunicação e Cultura, ECO/UFRJ.

Ruth M.Barbosa – doutora em Psicologia, IP/UFRJ.

Tania Barros Maciel – doutora em Ciências da Educação pela Univ. Paris V.

Colaboradores

Michel Thiollent (COPPE/UFRJ) – doutor em Sociologia, Univ. Paris.

Marcio Tavares d´Amaral – professor emérito da ECO/UFRJ, doutor em Letras.

Cátedra UNESCO de Desenvolvimento Durável
Chaire UNESCO du Développement Durable
UNESCO Chair on Sustainable Development

Sediando, desde 1993, uma Cátedra UNESCO de Desenvolvimento Sustentável, o programa EICOS realiza intercâmbios interuniversitários, tendo criado uma rede de parceiros voltados para a discussão das questões de desenvolvimento, especialmente em suas dimensões sociais, culturais, éticas e ecológicas. Ratificando sua vocação, a Cátedra UNESCO recebeu em novembro de 2002, na sede da UNESCO, em Paris, o UNITWIN AWARD, pelo conjunto de suas atividades, desenvolvidas dentro do programa EICOS.

Dezessete centros universitários de diferentes áreas científicas e geográficas do mundo foram escolhidos, por comissões internacionais, e agraciados em cerimônia presidida pelo Diretor-Geral daquela Organização, no Fórum Mundial das Cátedras, comemorando dez anos de existência do programa Redes UNITWIN/UNESCO Chairs.

Conselho Científico

Brasil

Bertha Becker (Geografia/UFRJ)
Celia Ribeiro Zaher (BIREME/SP)
Darcy Ribeiro (Senador e antropólogo/UFRJ) *in memoriam*
Eduardo Portella (Letras/UFRJ)
Gilberto de Oliveira Castro (Biofísica/UFRJ)
Henrique Rattner (USP/SP)
Jose Pellucio (IBECC/Academia de Ciências)
Jose Seixas Lourenço (Univ. Pará)
Luis Pinguelli Rosa (COPPE/UFRJ)
Maria Inácia D'Ávila (EICOS/UFRJ)
Nelson Maculan (Matemática/UFRJ)
Silvano Santiago (UFF/RJ)
Tania Maria de Freitas Barros Maciel (EICOS/UFRJ)

Exterior

Christine Von Fürstenberg (UNESCO, Paris)
Denise Jodelet (EHESS, Paris)
Egon Becker (Inst. Sozial Ekologische, Frankurt)
Luiza Campuzano (Univ. de La Habana)

Conselho Técnico Executivo

Eduardo Coutinho (Letras/UFRJ)

Josimar de Almeida (Biologia/UFRJ)

Lena Vania Ribeiro Pinheiro (IBICT/CNPq)

Maria Lucia Coutinho (EICOS/UFRJ)

Marisa Cassim (CNPq/UFRJ)

Tania Maria de Freitas Barros Maciel (EICOS/UFRJ) – Coordenadora do CTE

Valdo S. Marques (Geociências/UFRJ)

REDE EICOS-UFRJ/UNESCO (2003)

Parceiros e Networks

Implantada dentro do projeto Participação e Desenvolvimento – Novas Estratégias, Velhos Desafios, realizado pelo Laboratório de Imagens do Programa EICOS, no quadro de atividades da Cátedra, sob solicitação da UNESCO, tem como meta a instalação de redes interuniversitárias, para a formação de agentes de desenvolvimento.

Annie Najim – Coordenadora da Chaire UNESCO sur la formation de professionnels du développement durable, Université Bordeaux 3, França.

Jordi de Cambra Bassols – Responsable Coordinador General Cátedra Internacional UNESCO "Desarrollo Humano Sostenible" e coordenador da Red UNESCO/UNITWIN "Medeuramérica para el Desarrollo Humano", da qual participam, além de nossa Cátedra:

Bernardine Dixon e Myrna Cunnigham – Universidad RACCAN, Nicaragua.

Emel Gotizález – Universidad de la Habana, Cuba.

Gonzalo Escobar – Universidad de Girona, Espanha.

Jaime Duhart – Universidad Bolivariana, Chile.

Jorge Duque – Universidad Sancti Spiriti, Cuba.

Lucio Capalbo – Fundacion UNIDA, Argentina.

Mauricio Phélan – Universidad Central da Venezuela, Venuezuela.

Priscilla Burcher e Juan G. Gomez – Universidad de Antioquia, Colombia.

Rosa Gonzalez – Universidad Diego Portales.

Xavier Rambla e Javier Martinez – Universidad Autónoma de Barcelona, Espanha.

Khadija el Madmad – Coordenadora da Chaire UNESCO Migration et Droits Humains Université Hassan II, Casablanca, Marrocos.

Louis Guay – Université de Laval, Chaire UNESCO du Développement Durable, Québec, Canada.

Luiza Campuzano – Diretora ESTUDIOS de la MUJER, Casa de las Americas, Habana, Cuba.

Marco Antonio Rodrigues Dias – Universidade das Nações Unidas e AIU, Paris.

Michel Maffesoli – Sociólogo, professeur à la Sorbonne, Université de Paris V Centre d'Études sur l'Actuel et le Quotidien et de l'Imaginaire.

Ruben Pesci – Cátedra UNESCO de Desarollo Sostenible e FLACAM, La Plata, Argentina.

Para saber mais sobre nossos
títulos e autores, visite nosso site:
www.mauad.com.br

Este livro, da MAUAD Editora,
em co-edição com a Bapera Editora,
foi impresso em papel ofsete 70g,
na gráfica Sermograf

Agradecimentos

A ideia deste livro surgiu da nossa vontade de disseminar pelo Brasil uma cultura de excelência e transformação, acreditando em seu potencial de contaminar a todos os que não têm medo de sonhar grande.

Agradecemos a cada um que, de alguma forma, ajudou a construir a trajetória da Fundação Estudar, impulsionou as histórias aqui retratadas e as que infelizmente tivemos que deixar de fora.

Um agradecimento especial a Cecília Araújo – idealizadora deste livro sem a qual não teria sido possível lançá-lo – e a todos aqueles que participaram deste projeto, dispostos a compartilhar suas experiências e ajudar mais gente a se preparar para colocar seus sonhos em prática.

A cada integrante do nosso time e Conselho, cada membro de nossa comunidade que se engaja nas nossas atividades, cada parceiro que nos apoia, cada jovem que participa de nossos programas, conhece nosso conteúdo e nele se inspira: nosso muito obrigado!

São vocês que nos possibilitam chegar mais perto da nossa missão de transformar o Brasil, apoiando o jovem em sua busca por uma educação de qualidade e em suas decisões para que trilhe uma carreira de sucesso e impacto. Graças a vocês, olhamos para o futuro e para nossos próximos objetivos com confiança em nossa capacidade de fazer sempre mais e melhor.

Time Fundação Estudar

edição: Alice Dias

revisão: Flávia Midori e Luis Américo Costa

diagramação: Valéria Teixeira

idealização da capa: Marcos Torres

foto de quarta capa: Fabiano Accorsi (da esquerda para a direita, sentados na frente: Jorge Paulo Lemann, Ana Gabriela Pessoa e Marcelo Barbosa; sentados atrás: Beto Sicupira, Luiz Fernando Souza e Marcel Telles; em pé: Júlia Evangelista, Renato Mazzola, Henrique Dubugras, Pedro Franceschi, Mateus Bandeira, Wellington Vitorino, André Peixoto e Kawoana Vianna)

impressão e acabamento: Geográfica e Editora Ltda.

CIP-BRASIL. CATALOGAÇÃO NA PUBLICAÇÃO
SINDICATO NACIONAL DOS EDITORES DE LIVROS, RJ

C759c Cohen, David
Cultura de excelência / David Cohen; Rio de Janeiro: Primeira Pessoa, 2017.
208 p.; 16 x 23 cm

Inclui bibliografia
ISBN: 978-85-68377-12-3

1. Empreendedorismo – Estudo de casos. 2. Sucesso nos negócios – Estudo de casos. I. Título.

17-39695 CDD: 658.11098151
CDU: 658.016.1

GMT Editores Ltda.
Rua Voluntários da Pátria, 45 – Gr. 1.404 – Botafogo
22270-000 – Rio de Janeiro – RJ
Tel.: (21) 2538-4100 – Fax: (21) 2286-9244
E-mail: atendimento@sextante.com.br
www.sextante.com.br

Sumário